世间万物，
凡能使吾人观之忘怀者，
凡能超越过去、未来而总揽今日者，
无不使
吾人享尽人类尊严。

——塞缪尔·约翰逊

塞缪尔·约翰逊（1709-1784）
英国文学史上仅次于莎士比亚的英国作家

万里长城百年回望

罗哲文 题

万里长城　百年回望

从玉门关到老龙头

[英] 威廉·林赛（William Lindesay）　著

李竹润　译

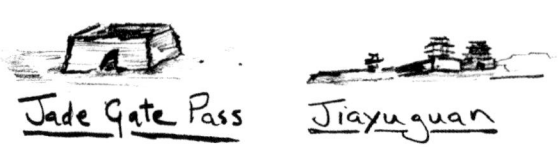

北京市文物局　五洲传播出版社

Wm Edgar Geil

M. Aurel Stein

W. H. Parish

Arthur de C Sowerby

Juliet Bredon Laura

L. Newton Hayes

H. G. Ponting

Roy Chapman Andrews

Mildred Cable

Hermann Consten

Smyth

目录

缘起：两个威廉的长城 012

前言　罗哲文教授撰 014

作者自序 016

一：长城形象钩沉：地图、绘画和照片 018

二：百年回望，重摄长城 036

三：长城重摄地点 042

　　长城重摄地点示意图 044

　　玉门关 046
　　　奥雷尔·斯坦因——汉长城的"发现"者

　　嘉峪关 070
　　　威廉·埃德加·盖尔——万里长城全程探险第一人

　　陕北地区 102
　　　罗伯特·克拉克和亚瑟·索尔比——陕北长城探险的先驱
　　　弗雷德里克·克拉普的陕北长城探险

　　河北涞源地区 120
　　　沙飞——中国长城摄影的先驱

　　北京地区 148
　　　约翰·汤姆森——"南口关"最出色的摄影师
　　　朱利叶·布雷登：带你漫步长城

　　古北口 210
　　　威廉·帕里什上尉：一位英国军官眼中的长城

　　山海关 236
　　　"斯迈思先生"：山海关老龙头一瞥

结束语：重摄长城，仍将继续 264

鸣谢与项目的来龙去脉 266

参考书目 272

中国历史年表 274

图片来源和版权 275

献给

万里长城全程探险第一人

威廉·埃德加·盖尔

缘起：两个威廉的长城

威廉·盖尔

如果把一个地方的相关坐标事先输入卫星定位系统（GPS）的存储器，然后按坐标的指示搜寻，那么事情就容易得多了。奇妙的卫星技术，能够准确地确定方向和距离，从而引导使用者找到存储在卫星定位系统里的任何地点，误差不超过2米。然而，威廉·盖尔（William Geil）在近一个世纪前拍摄的一张长城照片给我提供的唯一线索是它的文字说明，而这个文字说明也只是简单地说"Paishih K'ou，距 Futuyeh 60里"。让我啼笑皆非的是，无论文字说明里的地名还是实际距离都让我莫名其妙。两地之间的距离用"里"这个长度单位，张三会说30里，而李四则可能说是60里，全都根据地形变化伸缩。问路时我把"Paishih K'ou"和"Futuyeh"读出来，人们不是耸耸肩膀就是一头雾水地瞪大了眼睛。这也难怪，现在的中国有多少人知道19世纪魏德·吉尔斯（Wade Giles）创制的汉语音标？

我只好绞尽脑汁思索，同时仔细查看我自己在这一地区拍摄的长城照片，试图找到破解这个谜的线索。威廉·盖尔照片上的景观和敌楼似曾相识；我突然感到走错了路，很可能几天的路程全错了。

但愿我能找到老照片拍摄的大致地点，也就是周围几公里的地方！随后我在村里走家串户，让人们仔细辨认每一幅老照片，希望村里的老人至少知道其中一个地点，并且指点我该怎么走。假如这招失败，我只好爬上能够周围一览无余的最高点，登高远望，自己确定老照片的拍摄地点。

下面的事情就要靠眼力加想象了。时至今天，我要拍摄的目标全都发生了变化，有的已经是面目全非。好，向前看，仔细观察蜿蜒伸向远方的长城；再往下看，认真审视周围景物，与手中的老照片对照；随后，为了找到老照片的拍摄地点，我会在密不透风齐肩深的树丛中趟出一条路。不过，如果地点找对了，那么这树丛也是发生在长城身上的变化之一。艰难跋涉的同时，我的信心也在增长：老照片的拍摄地点，可能近在咫尺！

看，这段长城的地平线轮廓与老照片完全吻合，老照片肯定是在前面某个地方拍摄的。此时此刻，信心转化成了坚信。我把拇指和食指组合成一个长方形，模拟老照片作者的取景。哈，"拉近"一点儿，就这么着，目标地就在几米之外。好！老照片的拍摄地点终于找到了。伫足之余，我深深地吸了一口气，随后再仔细审视老照片——把它慢慢举起，直到与肩膀平齐，环视周围，发现此处的长城及其背景与老照片完全一致。顿时，一种感觉涌上心头，奇妙而又兴奋。又一个威廉到这里来了！这个威廉现在站在那个威廉当年伫足的地方，分毫不差，这就是我苦苦追寻的地方。威廉·盖尔对它是这样描述的："此处长城十分壮丽，为万历皇帝所修。"遗憾的是我来得太晚了。让威廉·盖尔赞叹不已的四座敌楼，早已损毁。尽管如此，我感到威廉·盖尔用"壮丽"一词来描述这段长城，也决非夸大。

沸腾的心潮终于平复了，我开始在威廉·盖尔近一个世纪前伫足的地方拍摄现在的长城。

威廉·林赛

一 前言

古北口长城　罗哲文摄于1948年

古北口长城　威廉•林赛摄于2006年

国家文物局教授级高级工程师罗哲文

1948年,我作为清华大学建筑系主任梁思成先生的一名助理,用有生以来使用过的第一台老禄莱相机记录了古北口长城的风貌。58年以后的今天,旧地重游,我才意识到这张照片的真正价值。

重新拍摄长城,加上见证人的证言,使我们得以了解长城发生变化的原因和历史背景——这就是国际长城之友协会"万里长城,百年回望"项目的宗旨。这个项目在壳牌中国集团支持下,以一种既动人心弦又科学缜密的态度推动长城保护方面的研究。新、老照片对比鲜明,使人们清楚地看到长城发生了哪些变化;见证人的证言,又足以解释长城何以发生变化。无论是战争或革命造成的直接损毁,文物古迹不合理的利用带来的破坏,还是随着时间推移逐渐出现的自然侵蚀,对长城的破坏都是致命的。

本书不仅仅是要唤起人们对昔日长城的浪漫情怀,也要围绕长城百年的变化展开研究。它定会引发讨论,定会促进急需进行的长城保护工作。

罗哲文

2006年12月·北京

作者自序

今天，蜿蜒万里的长城成了世界上最著名的旅游目的地，许多地方的长城已经向公众开放，其中有些成了旅游热点，比如八达岭长城，每年接待的游客多达500万。然而，这只是一个方面。另外一些地方的长城，比如西部边远地区戈壁沙漠上的夯土长城却极少有人光顾。这些地方的长城，只能吸引下定决心探究长城奥秘的专家和探险家。

现在造访长城的人们，无论是旅行者、专家还是探险家，都会问这样一个问题：现存的长城，与我们的父亲、祖父、曾祖父时代的长城，也就是几十年前、100年前、150年前的长城在哪些方面相同，又在哪些方面不同？

如果不是那些长城探险的先驱者不畏艰险，用笨重的摄影设备把当时的长城记录下来，那么对于上面的问题，恐怕我们永远也无法回答。如果非回答不可的话，我们也只好凭借想象。早期长城探险先驱者拍摄照片，无非是为了让家乡的亲友或读者看看长城的模样。然而，有了这些保存至今的老照片，我们就能直观地认识当年的长城。然而，如果回答在这漫长的岁月中长城发生了哪些变化，那就得找到老照片拍摄的准确地点，在同一地点把现在的长城拍摄下来。这就是我们所说的"重新拍摄"技术，这种技术，能够提供准确无误的直观证据，证明在这个漫长的岁月中长城发生的变化。

本书《万里长城，百年回望——从玉门关到老龙头》集中展现了国际长城之友协会利用重摄技术考察长城获得的丰硕成果。国际长城之友协会是我亲手创立并领导的从事长城文化、长城景观保护的组织。实施重摄长城项目，是为了回答这样一个既简单又复杂的问题：在这漫长的岁月中长城发生了怎样的变化？我们广征博采，通过不同的渠道收集长城图片的精品——仅仅是收集资料，就用了整整15年。在过去3年中，我们重摄了当年长城探险先驱者拍摄过的150个地方，其中一半收入本书，使之图文并茂地反映长城的沧桑。应当说，重摄长城乃是首次对长城变化进行的广泛而又系统的研究，对于长城发生的变化，它提供了无可辩驳的证据。对比"当年"的和"现在"的照片，我们就能准确地看到在过去150年中，不同地方的长城和长城景观在不同时期发生的变化。我认为，研究长城的变化，能够对今天和未来的长城保护工作产生积极影响，从而使长城今后的变化朝着好的方向发展。

本书既传达了一个重要的历史信息，又对不同地方长城的地理条件进行了描述。"重摄长城"的意思是沿着长城探险先驱者、冒险家和旅行家的足迹，考察他们曾经去过的地方——不仅是为了拿着他们拍摄的照片观赏他们观赏过的地方，更是为了通过研究他们的著作、文章和日记发现并揭示他们对于长城的思考。

我们重摄长城的具体地点，分布在从玉门关到老龙头长城沿线的广大地区。玉门关是重摄长城的最西点，此处在格林威治以东95度。老龙头是最东点，在格林威治以东118度。这里濒临渤海，长城建筑物日复一日地被海浪拍打。为了方便，我们把重摄长城的地点划为7个地区：甘肃省玉门关、甘肃省嘉峪关、陕西省北部地区、河北省涞源地区、北京地区、北京地区古北口和河北省山海关。有少数地点跨地区，也是为了方便，我们把这些地点归入距离它们最近的地区。同一地区的重摄地点也尽量从西向东予以安排。不过仍有例外。陕北地区按重摄地点被发现的时间顺序安排，关于河北省涞源县，首先介绍沙飞拍摄过的地点，然后介绍其他。北京地区按长城的两条自然走向安排，一条穿过居庸关向北至八达岭，另一条是威廉•盖尔当年造访过的慕田峪长城。

在本书中，重摄长城的成果也是按照上述顺序从西向东予以介绍。本书中的图片生动地再现了不同时期的长城探险家完成的同一个旅程——他们与见证人一道，共同讲述长城为何发生变化的故事。

威廉•林赛

2006年12月•北京

一：长城形象钩沉：地图 绘画和照片

勿庸讳言，最早展示长城形象的照片，无论从质量和深度来讲，全是外国人拍摄的。因此，有必要对摄影技术出现前各种图象资料中展现的长城作一扼要的介绍。

最初，欧洲人是根据口传来想象长城的形象的。随着时间的推移，口传信息演变成了地图学符号。从本质上说，地图学符号的设计乃是为了启发人们的想象。然而，随着大地测量越来越精确、人们的地理知识越来越丰富，这些符号越来越精细，越来越具描绘性，而且也越来越准确。可以这样说：最先吸引外国人开展长城探险的是当时的地图，或者说最早进行长城探险的外国人靠地图找到了长城——当然，那时的地图是否精确，那就难说了。最早进行长城探险的人把自己的经历绘成图画。图画当然更直观，更能激起人们对长城的敬畏，无论是印象派图画还是写实派图画都是如此。

16世纪80年代早期，一份带插图的手稿被带到著名地图学家亚伯拉罕·奥尔特留斯（Abraham Ortelius,1527-1598）在比利时安特卫普的工作室。递送这份手稿的是奥尔特留斯最信赖的信息提供者，一位名叫亚里阿斯·蒙塔努斯（Arius Montanus）的天主教本笃会教士。据蒙塔努斯介绍，手稿来自耶稣会教士、葡萄牙著名地理学家路易滋·约奇·戴·巴杜达（Luis Jorge de Barbuda）。手稿上有一幅巴杜达手绘的图画，这幅图画的依据有两个，一是他自己收集的传闻，再就是1557年葡萄牙在澳门建立贸易口岸以来耶稣会传教士的见闻。

右页图
亚伯拉罕·奥尔特留斯的《中国地图》（拉丁文版，1584年印制）。
原件37×47厘米，手工着色，铜雕版印制；为了与地图集《寰宇全图》格式一致，该地图上方指示的方向为西

首次公开发表的长城形象

1584年,亚伯拉罕·奥尔特留斯出版了地图集《寰宇全图》,其中包括巴杜达绘制的那幅实际上是中国地图的图画。应当说,那幅图画是全世界首次公开发表并向公众出售的中国地图。《寰宇全图》被认为是世界上第一部地图集,一部篇幅巨大、有许多分册的地图集。收入其中的中国地图,首次向欧洲的王公贵族、文人雅士、学者专家以及未来的探险家们展示了中国万里长城的形象。也就是从这时候起,长城这个名字开始传扬。随着时间的流逝,终于成了全球公认的最伟大的历史丰碑之一。这幅绘有长城的中国地图总共印了4000份。在这幅地图上,长城是用图画标出的。它被画成一堵在群山中蜿蜒的大墙。这大墙每隔一段就有一座烽火台,图上标出了5座。此外还有用拉丁文撰写的说明:"这堵墙长400里格(里格是欧洲旧时的长度单位,每里格大体等于4英里或5.92公里——译者),它在群山中爬行。中国修筑这堵墙是为了阻止鞑靼人入侵。"

奥尔特留斯的地图说中国长城长达1200英里(1920公里),对此,当时可能有人认为这不过是臆造。然而,亚伯拉罕·奥尔特留斯地图对长城巨大规模的描述,给威尼斯地图学家脊奥卡米.盖斯塔迪留下了深刻印象,后者因此于1590年在自己绘制的世界地图上将长城标出。这就极大地提高了长城的地位。在此之前,长城只是一座建筑物,或者说是一个地标;现在,它长城了地球上规模最大、具有重大地理学意义的人造建筑物。关于中国的信息不断传来,而且越来越可靠,于是欧洲人越来越坚定地相信,中国的确有这么一堵又大又长的墙。

亚伯拉罕·奥尔特留斯1584年出版的《中国地图》细部。这幅地图标明了各天险之间的边防工事

利马窦与一位中国教民的铜雕版画;见于让·尼乌霍夫《中国历史》(1669年出版)

从1583年起,耶稣会最著名的传教士利马窦(Matteo Ricci,1552-1610)在中国度过了自己的后半生,其间他在欧洲报纸上发表了一些见闻。利马窦从1601年起在北京居住,去世后也埋葬在北京。他生前撰写的文章,直到他死后才被人发现。在这些文章中,他对中国的名称、地理位置和疆域进行了描述。他写道:

"中国土地辽阔,它的版图从南到北跨越42个纬度,一直延伸到北方那堵宏大无比的墙。中国人修建这堵墙,是为了把本国与鞑靼人的领地隔离开;这堵墙乃是防御鞑靼人入侵的工事。"

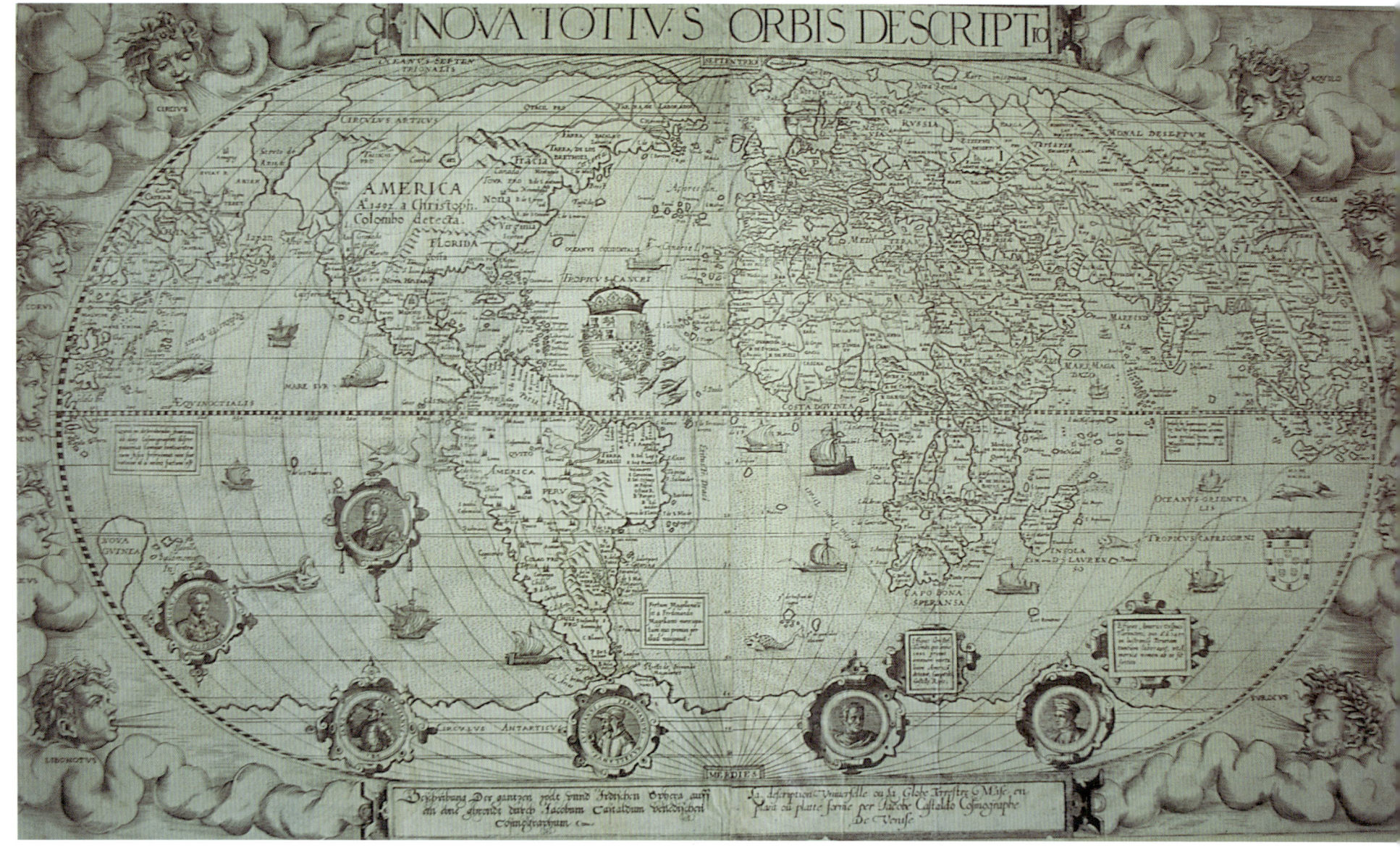

长城形象钩沉 地图 绘画和照片

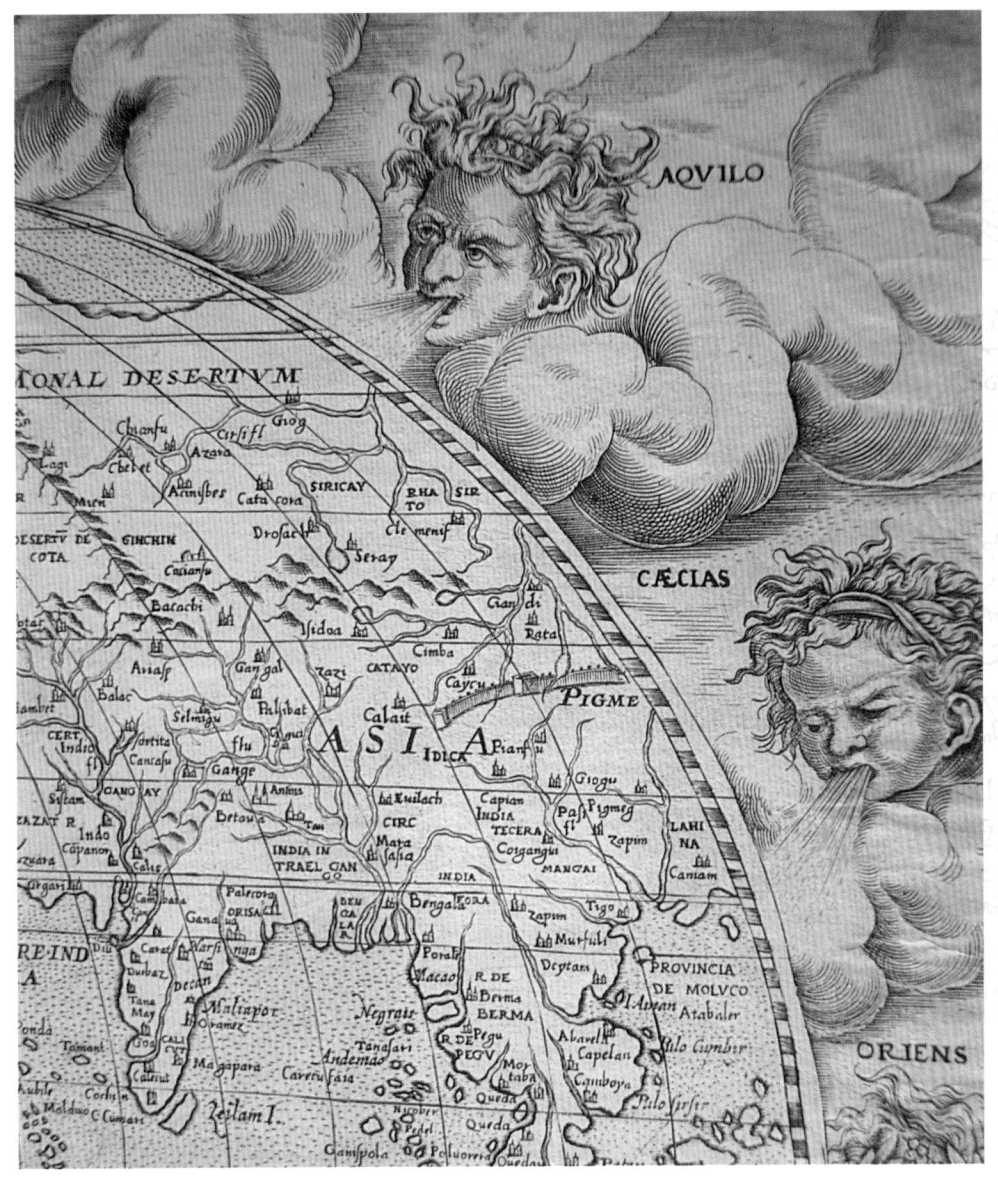

在已知的世界地图中，1590年绘制的《世界新图》(Nova Totius Orbis Descriptio)首次标出了中国万里长城。《世界新图》的绘制者是威尼斯共和国宇宙学家基亚科莫·加斯塔迪(Giacomo Gastaldi)。学术界认为这幅地图曾在安德卫普印制。我们看到的《世界新图》长81厘米，宽48厘米，它可能只是墨稿，而地图本身并没有公开出版。绘制这幅地图，乃是为了显示海上探险的最新成就，特别是1577年至1580年弗朗西斯·德雷克爵士的环球航行。地图上有像是墙的标记，奇怪的是没有文字说明这标记的含义，不仅地图上没有，地图边上也没有。在后来的十几年中，佩特鲁斯·普兰修斯(Petrus Plancius)、约杜库司·亨迪欧斯(Jodocus Hondius)、威尔雷姆·布拉乌(Willem Blaeu)等著名地图学家先后在自己绘制的世界地图上加上表示长城的标记。到17世纪初期，在世界地图上标出万里长城成了世界地图学的公认标准（左页：《世界新图》，本页：《世界新图》局部）

北京及周边地区地图。手工着色，铜版印制，见于耶稣会教士卫匡国所著《中国新图志》（阿姆斯特丹Johannes Blaeu出版社1655年出版）原件49×39厘米

利马窦还写道：

中国"得到了有效的保护，因为它四面都建有利用自然条件和科学手段加强的防御工事。"关于华北，他说"一条连续不断的大墙把陡峭的群山联结起来，这堵大墙长四五百里格，构成了一个完整的防御体系。"

人们认为，利马窦如此描述长城，乃是因为他非常熟悉中国人绘制的地图——历朝历代的中国人绘制地图，都要突出作为边防工事的长城。晚明时期最著名的地图《廣宇圖》出自罗洪先之手。以这幅地图为蓝本，利马窦绘制了一幅中国地图，后来在欧洲得以印制。

第一部在欧洲出版的中国地图册

明末清初，一位名叫卫匡国（Martino Martini，1614—1661）的耶稣会教士在中国生活了20多年。他获准在中国的广大地区旅行，这极大地丰富了他的地理知识。1655年，他在阿姆斯特丹出版了自己的中国见闻集《中国新图志》——实际上是世界上第一部中国地图集，其中收入了17幅中国地图。有趣的是在其中6幅地图上，长城统统被描绘成五颜六色的砖石结构建筑物。这也许是为了表明，万历皇帝（1572-1620年在位）统治时期，砖石是修建长城的主要建筑材料。然而，这同时表明卫匡国并不了解中西段长城的真实形态——我们知道，中西段长城主要是夯土长城。

亚伯拉罕·奥尔特留斯的中国地图具有里程碑式的意义，对于欧洲地图学家描绘中国，其影响持续达70年之久，直到17世纪50年代。卫匡国地图的意义同样巨大，它的影响从1655年出版起一直持续到18世纪20年代历史上对长城的首次测绘结果传入欧洲。

1708年，康熙皇帝（1661-1722年在位）下令对中国北部进行测绘。这个任务，据说是在三位耶稣会教士指导下完成的。奇怪的是尽管他们把长城标在地图上，却没有用图画把长城的形象描绘下来。不过他们提供了大量测量数据，据此欧洲人首次绘制出了精确的中国地图。该地图于1735年由让·巴第斯特·达威依（Jean Baptiste D'Annville）在巴黎首次出版，图上详尽地标出了明长城的走向以及长城沿线的各个重镇，此外还标出了长城环线和主要转弯处，甚至还标出了东北地区的长城——总之，长城作为一个完整的防御体系，其复杂性在这地图上得到充分反映。

直到18世纪，才有一位目击者在图画中准确地再现了长城的形象。这幅图画，至今保存完好。在这个能与长城比对的实物例证出现之前，欧洲人对长城既有曲解，也有臆断。

18世纪手工着色铜雕版画《使节穿越中国大墙》，原作39×20厘米，画面是1720年正在向北京进发的以伊斯迈洛夫为首的俄罗斯贸易使团。在北京，该使团得到康熙皇帝的接见

描绘长城的图画和版画

长城早期的形象,见于根据传教士的见闻绘制的图画和地图,也见于17世纪中到19世纪末贸易和旅游业发展的一个副产品——版画。

荷兰东印度公司1655至1657年针对中国开展的活动,被一位名叫让·尼乌霍夫(Johan Nieuhoff)的制图员完整地记录下来。尼乌霍夫画了一幅他自认为是"长城"的画,并且将之出版。这"长城"的脚下有一些商店,说明这"长城"实际上是城墙——很可能是北京的城墙。18世纪初期,一位前来中国访问的俄罗斯外交使节画了一幅表现他穿越长城的版画。可惜的是这幅版画用印象派手法表现长城,因此我们无从看到长城的真实面貌。

与之形成鲜明对照的是一幅表现古北口长城的版画。这幅版画题为《中国万里长城一景》,见于一本画册。该画册是对1798年出版的《大不列颠国王使臣觐见中国皇帝实录》一书的补充。这是第一幅用艺术手法再现古北口段长城实景的美术作品。(见本页右图和第216页)他的蓝本是英国军官威廉·帕里什上尉(William Parish)提供给他的一幅水彩画。1793年帕里什随英国使团来到中国,在去承德觐见乾隆皇帝(1736-1795年在位)的路上路过古北口。

这幅由一位英国皇家部队军官用写实手法创作的图画,真实地再现了长城原貌,这就为以后的画家树立了标杆。在他之后,不少带插图画的出版物(如《伦敦插图新闻》)派画家远渡重洋前去中国,寻找并描绘长城。不过,当时欧洲画家描绘的主要是北京周边的长城。

铜雕版画《古北口附近的中国万里长城》,原作尺寸:47×34厘米

万里长城 百年回望 从玉门关到老龙头

铜雕版画，原作33.5×23.5厘米，见于1873年伦敦《插图新闻报》；画面是一批去游览长城的外国游客路过南口关

铜雕版画,原作30×21厘米,见于1873年伦敦《插图新闻报》。画面是一批去游览长城的外国游客路过南口关

现代摄影技术问世

在画家们发现并描绘长城的时候,1826至1827年间,法国人约塞夫•尼也普(Joseph Niepce)用一台针孔照相机拍摄了有史以来第一幅照片。拍摄这幅照片,用了整整8个小时。1829年,尼也普与另一位法国人路易-雅可-芒德•达盖尔(Loius-Jacques-Mande Daguerre)开始合伙改进摄影技术。1839年8月19日,在法兰西科学院的一次会议上,达盖尔演示了把聚焦时间减少至30分钟并把所拍影像"长期保留"(即定影)的技术。这就是所谓"达盖尔银版法",即在表面涂有某种银化合物的铜板上直接定格正片。达盖尔银版法,开现代摄影之先河。达盖尔本人则成了公认的实用摄影技术发明者。也是在1839年,英国科学家约翰•赫谢尔爵士(Sir John Herschel)造出了photography一词,意思是"用光线写作"。在此之后短短十几年中,各西方国家城市里的富人对摄影着了迷。1850年,仅纽约就有70多家照相馆。

早期拍摄的长城照片

19世纪中叶,英、法两大帝国的扩张达到了顶峰,全球相当大的一部分地区被他们征服,沦为他们的殖民地。在这个时候,欧洲中产阶级以及美国人都急于通过摄影作品了解远方的土地,特别是在这些土地上生活的人民。在这样的历史背景下,大批摄影师动身去远东探险。来自苏格兰的青年摄影家约翰•汤姆森(John Thomson)就是其中的一个(见第154页)

八达岭 蛋白工艺照片,26.3×19.5厘米,山本摄于1895年

在"南口关"拍摄的长城老照片

当时在北京居住的外国摄影师中,托玛斯·蔡尔德(Thomas Child)和S·山本(S· Yamamoto)值得一提。蔡尔德是英国人,职业是煤气工程师,在摄影方面也颇有造诣。看来他多次造访长城,主要在居庸关和八达岭一带活动——那时的外国人把这个地区叫做"南口关"。他拍摄的照片用于画册,因此得以保存至今。这些照片从不同的角度表现居庸关北端即八达岭以及从居庸关到八达岭沿途的各种长城建筑物,其中以表现居庸关长城的照片居多。他也曾拍摄过位于北京东北、离北京更远的古北口。

从19世纪90年代到20世纪初,日本人S·山本最先在天安门以东的使馆区附近开了一家不大的照相馆,靠出售画册、明信片和图文并茂的图书为生(见第183页和第194页)。

初期的长城探险

20世纪初,早期的长城探险家对万里长城进行了全程或局部地区的考察。1907-1908年威廉·盖尔在全程考察长城的途中拍摄了大量的照片(见第74页)。与此同时,奥雷尔·斯坦因(Aurel Stein)在1907年发现了汉长城(见第50页)。

在陕北鄂尔多斯沙漠中,罗伯特·斯特林·克拉克(Robert Sterling Clark)和亚瑟·索尔比(Arthur de Carle Sowerby)在一些鲜为人知的地方拍摄了那里的长城。最后一个值得一提的是年轻的美国地质学家弗雷德里克·克拉普(Frederick Clapp),他用相机把神木县境内的长城真貌记录下来(见第108页)。

四张手工着色由H·C·怀特公司出售的大银幕幻灯片，尺寸均为10×8厘米。（从左至右）前2张表现一家美国人游览长城，后2张显示八达岭长城当年的风貌

四张显示1907年山海关长城的大银幕幻灯片，尺寸均为10×8厘米。蓝本照片由赫伯特·庞定拍摄，幻灯片由美国恩得伍德·恩得伍德公司制作推销

右页图
20世纪30年代北京哈同照相馆出售的手工着色银骨胶照片，尺寸为26.5×22厘米

北京阿東照相館
在東交民巷東口內路北
一千二百八十九號

HARTUNG'S PHOTO SHOP

EAST OF LEGATION STREET No. 3
INSIDE THE LEGATION QUARTER
PEKING

Telephone No 1289 E. O.

Radio address Hartungphoto.
Branch at Grand Hotel de Pekin

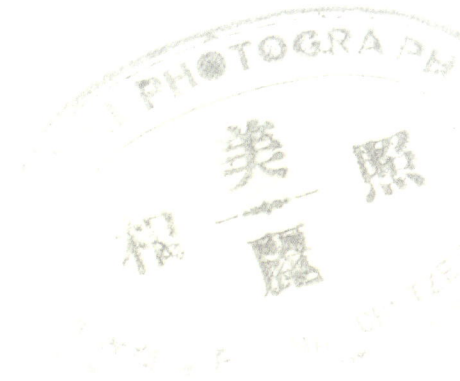

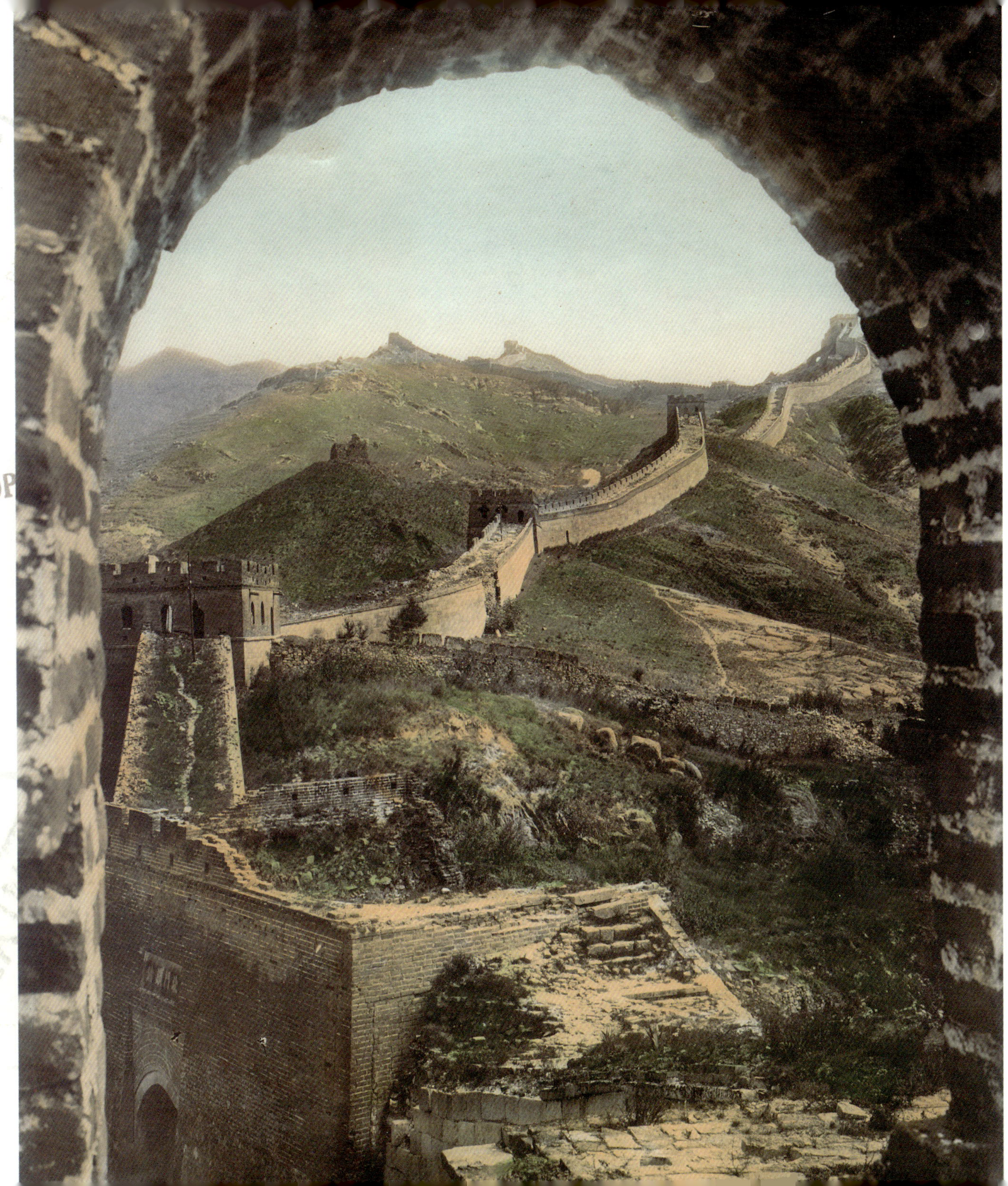

关于长城旅游

长城拍摄的高潮，从1906年持续到1914年，时间不算长，成果却相当丰富。早期的探险家们出版了好几部关于长城的著作，发表了许多学术论文，还向公众作了不少报告。正是由于他们的探险，使北京八达岭长城成了地图上标出的一个不可不去的旅游目的地，这就激励更多的冒险家和古代文化爱好者策划更大规模的长城探险。1923年，亚当·沃里克(Adam Warwick)为美国《国家地理》杂志撰写了第一篇关于长城旅游的重头文章。到这个时候，北京至张家口的铁路已经通车，人们可以乘坐火车去八达岭了。

为了适应旅游业发展的需要，居住在北京的外国人纷纷以山本为榜样开设照相馆。其中哈同照相馆是德国人在东交民巷东口内路北开设的第一家照相馆，后来还在北京饭店内开了一家分部，经理名叫赫达·哈默（Hedda Hammer 1908-1991）。中国人开设的照相馆之间也相互竞争，其中最著名的是在南池子的美丽照相馆和亚丰照相馆。所有的照相馆都出售明信片、相册，还有按顾客要求定做的大幅镜框。此外，启斯通（Keystone View Company）、恩得伍德·恩得伍德（Underwood & Underwood）等公司还出售立体照片。

1889年，伊斯特曼·柯达(Eastman Kodak)推出了赛璐珞胶卷，不仅淘汰了笨重的玻璃板，而且底片无须在拍摄现场处理，这就为摄影技术的普及铺平了道路。20世纪20年代出现了35毫米标准尺寸的赛璐珞胶卷。这一切，使越来越多的旅游者得以利用新技术带来的方便把自己造访长城时的情景拍摄下来。回到欧洲或美国后，他们中有些人把照片制作成能够在大银幕上放映的幻灯片，供参加大型社交或家庭聚会的人们欣赏。

1927年，第一次国内革命战争爆发。1931年，日本侵占了中国东北。因此，在20世纪30年代，长城对冒险家、探险家、旅游者说来成了险地。不过在此期间仍有人拍摄长城——中国人拍摄长城，是为了鼓舞爱国同胞奋起抗击日本侵略；而日本人拍摄长城，则是为了向全世界吹嘘他们"征服"了中国。

在中国人中，开长城拍摄之先河的应当是革命战地记者沙飞。抗日战争期间，沙飞拍摄了他的战友在河北涞源长城上作战的情景。这些照片，至今仍是中华民族卫国抗战的象征。沙飞拍摄这些照片，本意是唤起全国民众救亡。然而，其中有一些现在被用来显示这些年来长城的变化，从而使公众了解，对长城本身的保护刻不容缓。

在中国现代历史上，除了战争使长城遭到大规模破坏外，其它一些自然和人为的因素，也使长城遭到了进一步破坏。从这个意义上说，老照片上的长城，即抗日战争爆发前的长城已不复存在。

长城形象钩沉 地图 绘画和照片

美联图片社的一幅表现抗日战争时期国民党军队在八达岭长城行军的照片，尺寸为26×20厘米。电头为"北平（北京），（可能是1937年）10月26日"

二：百年回望，重摄长城

"重摄"（rephotography）是一个由"重新"和"拍摄"组成的词。这个词出现的时间不长，因此尚未收入大部分字典。它的释义应该是"相隔一段时间后在同一地点对同一事物进行重新拍摄"。

在最早将重摄的概念转化为实践的那些人中，美国人马克·克莱特（Mark Klett）给"重摄技术"下了一个定义。他说，"重摄"就是"返回过去拍摄过的地方，做同样的事，从而发现这个地方过去与现在有什么不同。"

暂且不论"重摄"的定义是什么，可以肯定的是重摄已经是摄影艺术中一个迅速发展的新品种，是摄影艺术永恒魅力的扩展。亨利·卡提也尔·布莱松（Henri Cartier-Bresson）说过，照片的魅力，来自摄影师认为的"具有决定意义的一瞬间"，也就是最值得记忆的那一瞬间。为了抓住这一瞬间，摄影师要在充满各种动感因素的拍摄现场等待，在这些因素的表现力达到最高水平的时候按下快门，把最生动的画面抓取下来。经过图片编辑的挑选，有些照片可能在报刊上发表，也可能见于网站。然而，随着历史的长河不断流淌，过去拍摄过的对象可能已不复存在。

19世纪50年代之后，随着达盖尔银版法的发明，欧洲人对摄影的兴趣与日俱增。随着时间的推移，欧洲、美国的中产阶级越来越渴望见到世界各地的自然与人造奇迹，而自己却又去不了，于是他们对照片的兴趣便进一步增强。摄影师们纷纷行动起来满足这一需求，他们携带着相机、三脚架到世界各地取景并等待最佳光线以便拍摄。不过我们可以提出这样一些问题：在聚精会神地拍摄世界上那些最不寻常的历史遗迹的时候，这些摄影师是否想过，被他们用照片记录下来的，乃是具有历史意义的瞬间？1930年左右拍摄古北口姊妹楼（见第224页）的摄影师是否想过，将来有那么一天，由于人力或自然的破坏，这个"双楼子"将完全消失，成为历史？这位摄影师是否预料过早晚会有这么一天？

最早拍摄长城的人们一般会这样想：留在照片上的不是瞬间的画面，这画面代表整整一个时代，甚至代表永恒。当最早问世的长城照片公开展示的时候，观者肯定会认为长城不是人间之物，他们的惊异，不亚于现在的人们首次看到从火星或金星上发回的照片。他们不仅惊异于长城那令人敬畏的雄姿，还惊异于拍摄长城使用的革命性技术。此外，摄影师为拍摄长城而走的路，许多人一辈子也走不了那么多——这也会激起他们的敬慕。

这些照片生动地再现了古老中国的历史。的确，有什么能比中国人以无比的勇气建造的长城更能证实中华文明的悠远！在整个人类历史中，长城的建造费时最长，消耗的材料和使用的人力最多。长城不是单个的建筑物，长城是中国乃至世界地理景观的一部分。

我们总是想当然地认为，小的东西易于损坏，东西越大越是坚不可摧。长城不可谓不大，然而，保留到现在、我们能够登上的长城，实际上只是长城的残段。我曾发现过发生在长城身上的一个

"小小"的变化——一座过去、现在都被拍摄过的长城敌楼不见了（见第235页）。我曾思索过这是不是个别案例，或者说是不是一种不值得大惊小怪的个别现象。然而我们了解到，这座敌楼的消失只是反复发生在整个长城体系的一个典型事件，据此可以推断，这种"个别"、"小小"的悲剧日积月累，最终给整个长城体系造成了严重破坏。

1982年，我在访问设在华盛顿特区的美国国家地理学会时购买了一台地球仪，看到中国的万里长城是这个地球仪上唯一标出的建筑物，我不由得欣喜万分。那时流传着一个虚假的故事，说从月球上看地球，长城是唯一能被看见的人造物体。而我则用长城是在地球仪上标出的唯一的人造物体这个事实证明长城当之无愧地是无与伦比的人造奇迹。2004年我再次访问美国国家地理学会。为了跟踪这么多年来世界政治形势发生的变化，我又买了一台地球仪。这次我却难过地发现这个地球仪上没有长城，长城从这个地球仪上消失了。

自1900年至2000年，从地球上消失的人类文化遗产超过了以往任何一个历史时期。人口剧增，城市不断扩大，战争频繁爆发……即使在和平时期，为了促进城市的扩大，人们也不惜使用炸药，让多少世纪前的文化遗迹在顷刻间彻底毁灭。

重摄技术能使现在的人们贴近自己和祖先，能够消除历史与现在的鸿沟。在动员群众方面，它是一种强有力的手段。动员群众也是战斗——如果没有人类文化遗产遭到破坏的证据，那么人们就不会行动起来保护它们。这是"重摄技术"出现的主要原因，也是我们重摄长城的宗旨。

我们已经进入互联网和数字成像时代，我们拥有足够的技术能力促成重摄技术的出现。我们能够在网上公布发黄的老照片，而不是像过去那样让它们在抽屉里睡大觉，或者将之埋藏在博物馆里与世隔绝。这样，一旦想把老照片用做重摄的蓝本，我们就可以购买原照或用扫描技术获得的复制品。早在1991年，出于一次颇具感情色彩的经历，我就有了重摄长城的初步设想。但是，把这个设想付诸实践，则要靠互联网和数字技术。

新千年的到来，促进了重摄技术的发展，特别是促使我下定决心重摄长城。在漫漫历史长河中，人们送走一个千年，又迎来了一个新的千年，如此往复不断。然而21世纪到来的意义却不同寻常。从来没有这么多的人——有60亿吧——如此关注一个新世纪——21世纪的到来。这是因为这是一个继往开来的时刻。在这个时刻，人类面临着两个选择，要么退回到过去，要么开创新的未来。许多人的思想很深刻，然而，在新千年到来时的一个短时间中，在他们的脑海中，现状却被推到第二位。

2000年除夕午夜时分，我独自一人登上长城。过去我不在夜间登山，却有许多次在拂晓时分北京仍在沉睡的时候登上长城以便拍摄日出。这次在2000年除夕午夜时分登山，感受却不相同。在我的眼前，山脊上排成蜿蜒曲线的长城敌楼依稀可见，而它们的背景光却是来自北京的光污染——北京在南面,来自那里的光芒甚至把我登山的路也映照得斑驳陆离。这一切使我陷入沉思:我在想这些敌楼的窗户,也就是当地人说的"楼眼"是怎样目睹1500年、1600年、1700年、1800年和1900年到来的。只是在想到整整5个世纪过去了,而不是笼而统之的"500年",我才意识到时光的流逝乃是何等迅疾,长城的老化又是多么严重。我在想,大体上躲过19世纪浩劫的长城,20世纪30年代以后继续遭到摧残,那么,在21世纪,它的命运又将如何呢?

既然包括我在内的重摄技术实践者都认同,20世纪是人类文化遗产遭到重大损失的百年,那么我们都希望人们能利用手中的技术把21世纪变成抢救人类文化遗产的百年。把这个愿望变成现实,我们掌握的重摄技术能够发挥强大的催化作用,因为它易于使用,重摄的成果不存在语言障碍或代沟,谁都能看懂。此外,它具有一定的参与性:在观赏一组新旧照片时,观众的思绪在过去与现在之间漫游,就像孩子们喜欢做的"比一比,找不同"的游戏那样,他们会进行比较,找到两个画面有哪些差别。重摄的魅力不可抵御,也许还因为人们可以"重摄"自己并将照片收入家庭相册,这样就能显示自己随着年龄增长变化有多大。这类"自我重摄",可以叫做"非正式"的重摄。

然而,以环境或文物保护为目的的重摄,需要找到拍摄老照片的准确地点。一般人像可以在任何地点拍摄,换言之,人像拍摄的焦点是人,是在不同环境中的人。而重摄建筑物或景观则不同,摄

2004年秋,威廉·林赛 在八达岭长城上拍摄

影师必须不畏艰险找到老照片的拍摄地点,尽可能丝毫不差地站在拍摄老照片的那个点上重新拍摄。

只有到达老照片的拍摄地点,摄影师才能明白关于老照片画面的猜想对错与否。作为人类,我们总不免认为与我们一道生存的长城肯定会发生一些变化,同时期望大自然的杰作以及大型的人造物体永远保持原样。只有到现场去,人们才能发现人造奇迹相对于周围环境发生了何种程度的"变动"。人造奇迹自己能变动?能,不少古遗址已经完全消失。它们是不是永远保持原样?不一定。了解这一点,就会明白让一座古迹永远在原地耸立,或者认为景观永不

变化，其实都是幻想。重摄技术，为打破建筑物和景观永远不变的幻想提供了手段和工具，因为它定格的是过去和今天某个时刻建筑物或景观的形象，同时告诉我们，这个形象未来仍会发生变化。

有史以来，人类建造的建筑物不计其数，无论是寒酸的住房还是丰碑式建筑物都有其自身的价值。从人类历史的早期到现在，最宏伟的丰碑式建筑物一直得到人们的承认。公元前5世纪希腊历史学家希罗多德（Herodotus）在其所著《历史》一书中列出了他所谓的"世界七大奇迹"。这些奇迹，当然全部分布在东地中海和小亚细亚等当时人们已知的地方。在现代社会，世界奇迹这个令人肃然起敬的观念具有全球性，具体指联合国教科文组织世界遗产名录代表的观念。世界奇迹，具体指列入世界遗产名录的那些独一无二、具有世界意义并且得到全人类保护的遗址，一处遗址一旦列入世界遗产名录，它所在国家的政府和人民便有义务精心保护它。

在列入联合国教科文组织世界遗产名录的古遗址中，数中国万里长城规模最大。我决定重摄长城，是因为我相信重摄的成果能够提供关于长城现状的有用信息。这是首次以同一座建筑物为对象的全面重摄，而过去曾有人重摄过一座城市里的一系列建筑物。这还是首次全面重摄列入联合国教科文组织世界遗产名录的一处古代丰碑式建筑。

要想重摄一个地方，首先要有这个地方的老照片。找到老照片是重摄的前提，也是一种挑战。长城穿越之处地域广袤。我们从本书关于早期长城摄影的介绍了解到，最初只有极少数探险家携带相机前来考察长城，不畏艰险前来长城旅游的人也不多，而且即使来也主要去北京地段的八达岭，因为当时外国人中盛传八达岭是观赏长城的最佳地点。长城的老照片非常稀少，中国西部长城的老照片更为稀少。

找到老照片，还得确定它的拍摄地点。规模宏大的长城，对我构成了巨大的挑战。要知道，我是在世界最长的建筑物的沿线寻找少数几个小得几乎无人知晓的地方。也请记住，当年长城被作为军事设施使用的时候，东端老龙头的守军比西端嘉峪关的守军每天早80分钟看到日出。正因为如此，长城才被叫做"伟大的中国墙"（The Great Wall of China）。

为了真正了解长城，过去20年中我在长城的怀抱中度过了1200天。尽管如此，对于寻找重摄地点可能遇到的困难，我还做了充分估计，幸运的是长城专家罗哲文和成大林比我更有经验，他们帮了我很大的忙。找到重摄地点之后，我都要赶过去仔细核对老照片的画面是否与现场相符。我知道，许多地方的长城已经面目全非；遇到这种情况，我就设法辨认老照片的画面与现场是否有一致之处，比如它们的背景。

由于老照片都不具备全球定位信息，寻找重摄地点唯一的线索是老照片说明中的地名。可这些是什么地名呀？过去外国人标注中国地名，用的是与汉语拼音系统几乎毫不相似的韦氏音标，这就使寻找老照片的拍摄地点难上加难。此外，有些地方的长城有历史名称，而老照片的拍摄者不知道，于是他们就用附近村庄的名字或当地常用的人名为这里的长城命名，有时干脆自己生造一个名字。没有确切的地名，有时连找到大致方位都难。然而，一旦进入老照片拍摄地点方圆几公里的地方，或者来到最接近的村庄，那就有希望找到老照片的拍摄地点。

找到老照片的拍摄地点之后，下面的事情就是如何重摄了。我用35毫米胶片照相机拍摄，这有两个原因：首先，为了在老照片拍摄的地点重摄长城，我得登上无数的高山，穿过无数茂密的灌木丛，还得在无数沙丘中跋涉，而35毫米相机易于携带。另外，我用惯了35毫米相机，1981年以来一直用，用得很顺手。

相形之下，长城摄影先驱者们使用的相机要大得多，而且格式各不相同。由于设备过重，到哪里拍摄往往取决于靠人力、畜力最远能把摄影设备运送到哪里。在我沿着先驱者的脚印前进的时候，我总是在思考他们可能做到了什么，什么事情不可能做到。我像侦探那样工作，反复研究关于老照片拍摄者的文字材料，绞尽脑汁从中寻找可能有用的线索；我把他们可能走过的地方拼接成大海捞针的路线，还努力用换位思考的方法想象沿途有哪些地方可能引起长城先驱摄影家们的注意。

等终于找到老照片拍摄的确切地点了，那就尽量取好景吧。我重摄的长城照片当然比"非正式重摄"的照片好得多——"非正式重摄"不够精确，也不十分讲究取景、拍摄时间和季节等等。然而，我也很难百分之百地达到"正式"重摄的标准。这里有两个原因。首先是新老相机的格式不同，因此在多数情况下很难做到新老照片的画面分毫不差。第二，即使能做到新老照片分毫不差，这样做也并非绝对必要。重摄长城是为了保护长城，是为了拍摄一幅画面与老照片几乎完全相同的照片，而不是为了展示我自己的拍摄技巧何等高超。重摄的最终目的是提供两幅可供对比的照片。大家可以看到，重摄的照片与老照片的相似度达到百分之九十五或更高就足够人们进行对比了。因此为实现新老照片绝对一致而花费时间、金钱不仅不值得，甚至有迂腐之嫌。总之，我尽可能使新照片忠实地再现老照片的画面，而不是设法让新老照片丝毫不差。

重摄照片的少数缺陷，并不能完全归咎于新老照片拍摄所用的设备不同。有时我无法在拍摄老照片那个点上立足；有时站在那个点上很危险；有些地方的地形发生了变化，比如由于取土地面降低了，由于堆土地面升高了；还有些时候老照片拍摄的地点无法靠近，这些地点要么被水淹了，要么上面修了房子。比如在古北口北门（见第231页），我离老照片拍摄的那个点只有几米远，不幸的是恰巧有一座东倒西歪的变电站压在那点上，我无法在那个点上拍摄，因为我不想被电死。

为了让观众更清楚地看到长城的变化，我有意让一些地方的新老照片有所不同，这似乎背离了尽量使新老照片画面一致的通常做法。我认为，如果机械地坚持通常的做法，那么拍出来的照片可能误导观众，因为取景处出现了老照片上没有却十分重要的东西。我用广角拍摄的甘肃312国道（见第101页）就是一个足以说明问题的例子。水关长城是另一个例子。水关长城的老照片是约翰·汤姆森拍摄的，如果把它的画面分毫不差地"复制"下来，那么我们就只能看见水关长城的顶部，而画面的其余部分则完全被灌木丛覆盖。假如汤姆森看到了我重摄的照片，他是否会感到困惑，他是否同意我的做法，支持我为获得更能说明问题的画面而绞尽脑汁，我想他会支持我的。于是我拍摄了一幅取景大得多的照片，画面上不仅有汤姆森拍摄过的水关长城，还有八达岭高速公路和路上的往来车辆，此外还有一处公路收费站。看到这里修缮过的长城以及公路等等，我想汤姆森如果在世，肯定会感到惊讶（见第166页）。

汤姆森1873年发表在《中国与中国人画集》中的那幅水关长城照片已经褪了色，却为我们保存了135年前长城的风貌。看到手中的这幅老照片，我想到自己拍摄的照片应当享受同样长的寿命。于是我决定在这个数码相机风行的时代用已经不那么时兴的反转片拍摄。用反转片拍摄的照片能长期保存，还能反复印制，等于是随时可用的档案库。而数码相机这些方面的记录则较为缺失——谁知道保存在图片CD或计算机硬盘中的图象资料能否经得住时间的考验。我还决定把重摄的照片印成彩照，这样就使新老照片的对比更加鲜明，因为老照片几乎全是黑白照片。须知对比乃是重摄技术的真谛，用彩色对比黑白，效果显然更好。

沿着伟大的先辈长城探险摄影家的足迹重摄长城，于我乃是莫

威廉·林赛2006年10月留影玉门关

大的荣幸。我所做的，不过是使他们拍摄的老照片具有现实意义。这些老照片再现了很久以前的长城，它们的拍摄者也许认为出现他们作品中的画面不仅是静止的，而且永远不会变化。这些老照片的拍摄是同一项工作的第一部分。而我做的是第二部分，是为了重新赋予老照片观赏价值，更是为了使前辈长城摄影家当年定格的"决定性瞬间"永存。

重摄长城的过程并没有随着我按动相机快门而结束，我得返回北京，仔细对比新老照片。好，让我们动身前往过去和现在照片上的长城吧。

三：长城重摄地点

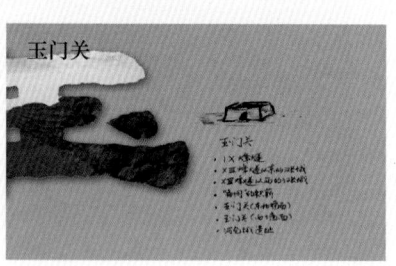  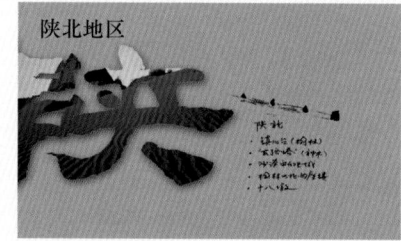

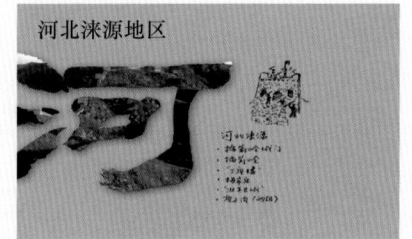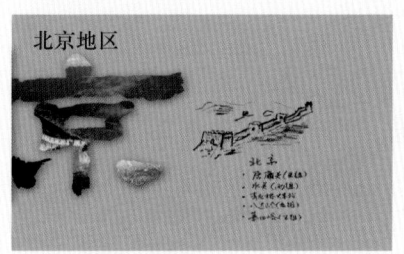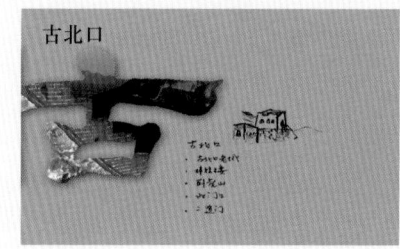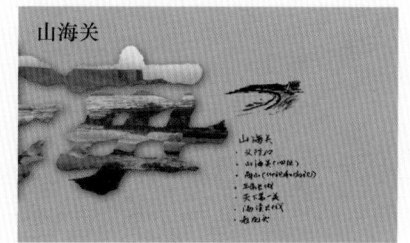

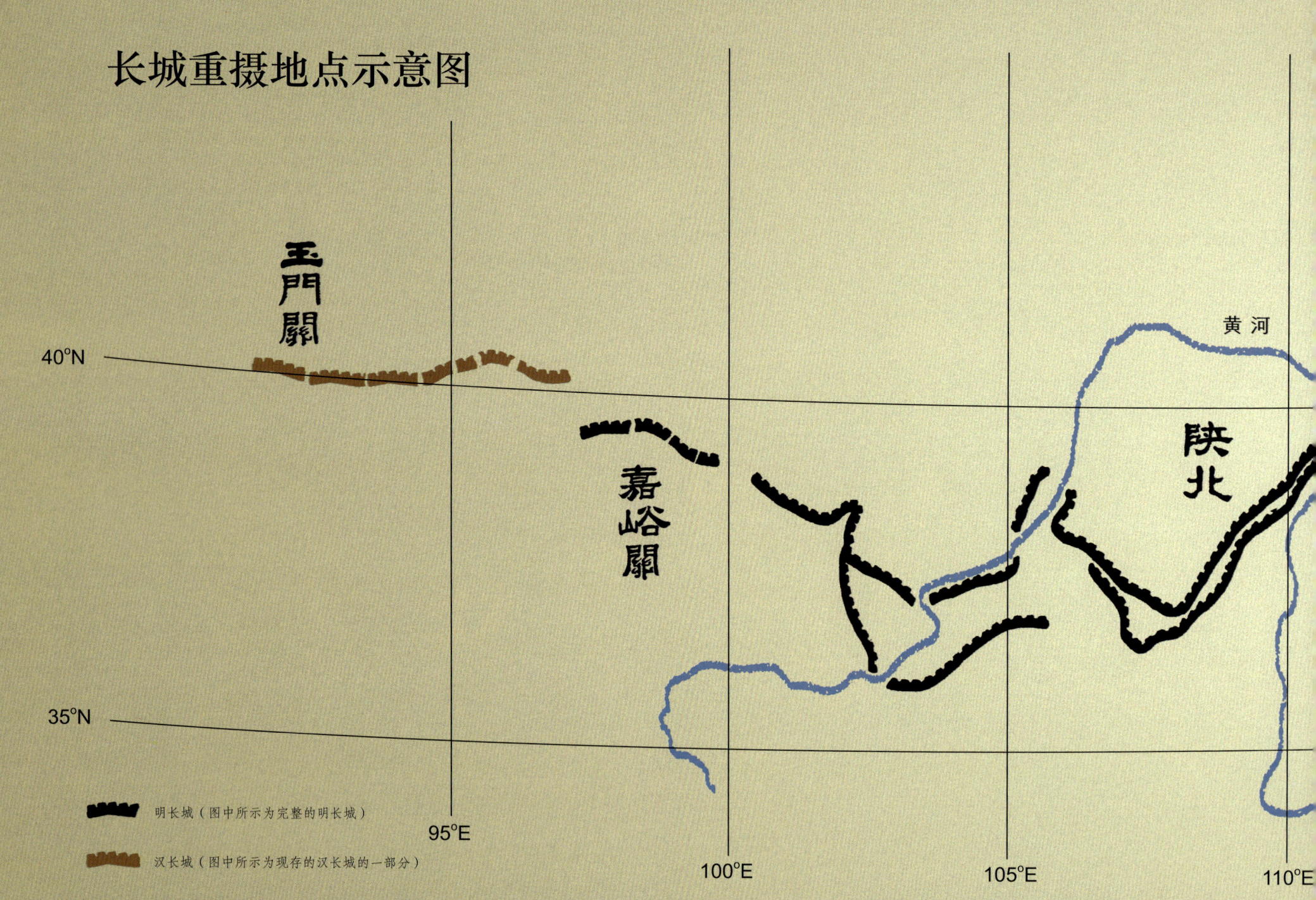

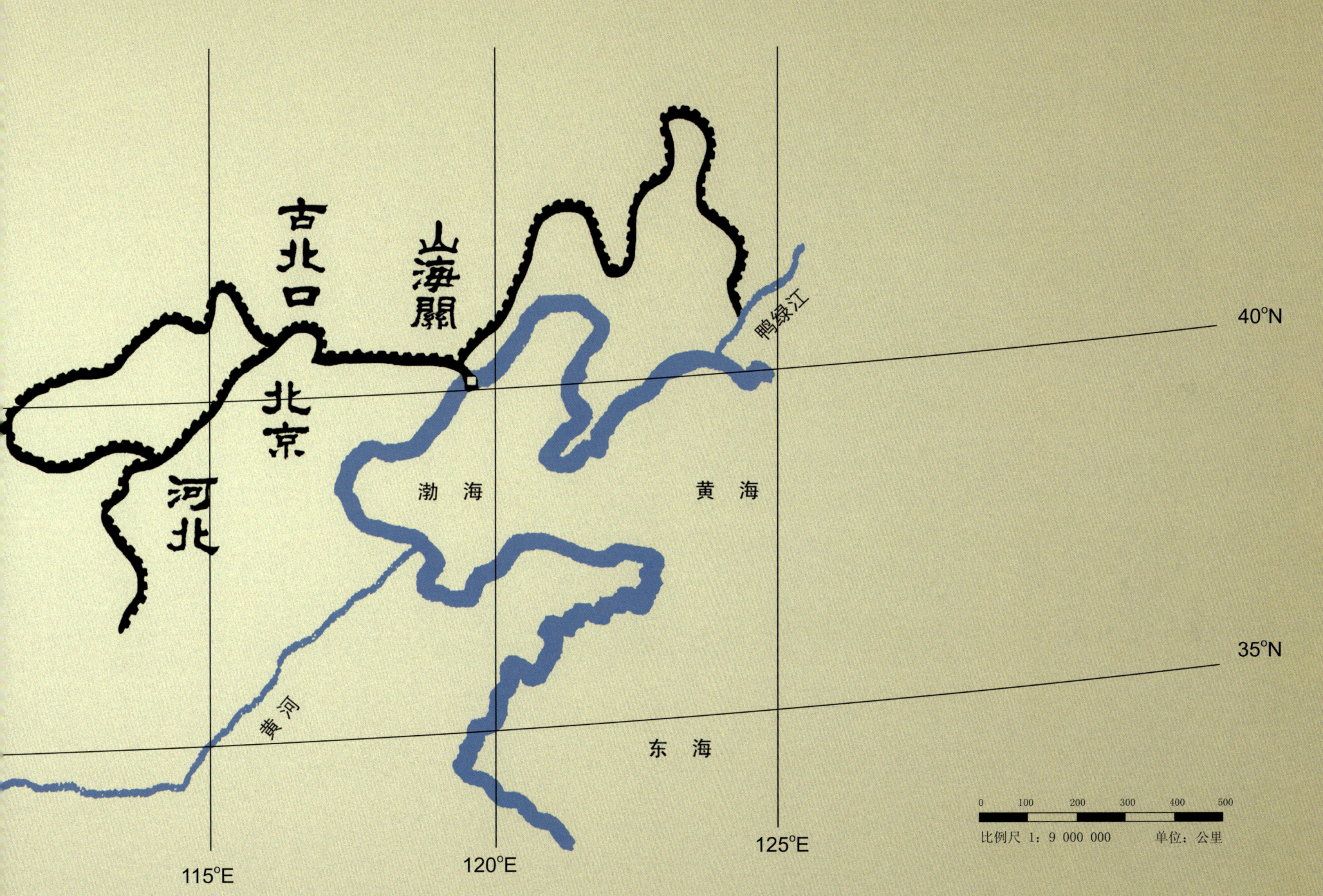

玉门关

玉门关

- I× 烽火燧
- XIII烽火燧以东的汉长城
- XIII烽燧以西的汉长城
- "备用"的积薪
- 玉门关（东北墙面）
- 玉门关（西墙面）
- 河仓城遗址

玉门关以西马圈湾的一段汉长城。这段长城修建于公元前100年,至今仍高3.75米,墙体用层层芦苇捆堆积而成

在我们重摄的7个地区中，玉门关及其长城防御工事位于最西面。这里的长城建于公元前100年前后，是庞大的汉朝（公元前206—公元221年）长城体系的一部分。霍去病将军征伐匈奴的战争取得了胜利，汉朝的疆域随之从中原地区向西扩大，现今甘肃省河西走廊以及"西域"（即新疆）被纳入中国版图。

公元前111年，中国中央政府在武威、酒泉、张掖、敦煌等地建立了一系列郡县，边防设施的建设随之兴起，终于遍及整个河西走廊地区。大批农民被迁移到这里种地，修建水利工程，中国东部到西部的贸易往来因此而日益频繁。由士兵长期驻守的边防据点为往来于各绿洲的客商提供保护，随着时间的推移，终于形成了一条又一条道路。时光一个世纪一个世纪地流逝，1877年，德国地理学家冯·里其托芬(Baron Ferdinand von Richtofen)首次将这些商路称作"丝绸之路"。沿着这条"丝绸之路"，盛产于新疆塔克拉玛干大沙漠南缘的和田美玉被源源不断地运往东面的中国内地。在敦煌以西，西来的客商无不通过一处有士兵常年把守的边防检查站——这，就是玉门关。

汉长城始于玉门关以西的罗布泊，这条长龙蜿蜒东去，一直延伸到现在中国与朝鲜的界河鸭绿江，总长7200公里。历代修筑的长城，数汉长城最长——全盛时期的汉长城几乎毫不间断地穿越甘肃、内蒙古、河北、辽宁的广大地区。然而，2100年后的今天，无论是从高度还是从完整性看，汉长城的遗存已不多见。保存较好的汉长城遗址集中在甘肃、新疆的交界地区。这可能有两个原因：首先是此处汉长城结构独特，比较坚实；其次是戈壁沙漠的自然条件极其恶劣，可以说是人类活动的禁区，只有少数探险家和旅行者才有胆量深入它的腹地。

历朝历代修长城，都是就地取材。此处汉长城的修建大量使用戈壁滩上取之不尽用之不竭的黄沙、泥土和砾石。戈壁滩上还有不少盐碱沼泽地，那里丛生的芦苇、红柳和胡杨等耐盐碱植物，也成了现成的建筑材料。玉门关及其周围地区的汉长城的墙体看上去层次分明。使用芦苇和盐水拌泥砂成了这类建筑的主要特点。

除了汉长城本身的结构颇具特色外，此处人类活动较少也有利于汉长城的保护。英国探险家奥雷尔·斯坦因是当代第一个来此考察的外国人。他认为，这个地方的长城非常值得研究。我们在玉门关重摄的地方，奥雷尔·斯坦因当年都曾涉足。他对这里的详细描述，为我们提供了丰富多彩的目击证言。

烽燧上干枯的胡杨木

秋日阳光下的胡杨树

玉门关

奥雷尔·斯坦因——汉长城的"发现"者

1907年春季,威廉·盖尔在长城东端考察河北省群山中的长城。与此同时,英国考古探险家奥雷尔·斯坦因在中国西部发现了更加古老的长城,即汉长城。

奥雷尔·斯坦因(1862—1943)于1862年出生在匈牙利布达佩斯。青年时代的他特别仰慕两位英雄:亚历山大大帝(公元前356—323年)和曾经沿丝绸之路去印度拜佛取经的中国唐朝和尚玄奘(7世纪初)。这两位历史人物的业绩大相径庭,亚历山大大帝到处征伐,而玄奘历尽艰险是为了拜佛。尽管如此,他们始终被奥雷尔·斯坦因奉为楷模。在他81岁时逝世前,奥雷尔·斯坦因走遍了小亚细亚、肥沃新月地带(两河流域接近叙利亚的那个地方——译者)、喀拉昆仑山区、中国新疆以及丝绸之路沿线各地。

在布达佩斯、莱比锡等城市,学生时代的奥雷尔·斯坦因努力学习亚洲语言和艺术,包括梵语、波斯语、印度学等等。1885至1886年,他在匈牙利军队服役期间学会了地形测量。退役之后,他在大英博物馆和英国沃金博物馆工作了一段不长的时间。1887年他来到印度,师从美国学者佛雷德·安德鲁学习摄影理论和摄影艺术。也是在印度,他初次体验了考古带来的欣喜。

为了实现自己的热望,奥雷尔·斯坦因就这样从语言、知识、技能和野外工作经验等多个方面做好了准备。他下定决心,在亚洲成为一个前无古人的冒险考古学家。在印度学习的同时,他先后拥有好几个官职,当过教育官员,也当过政府官僚,最后当过文化官

奥雷尔·斯坦因(1900年,35岁)

员。当时印度某些政府部门向非大英帝国公民开放，允许非大英帝国公民当官。为官期间，他争取到了英国政府对他的未来探险活动的支持，包括提供必要的财力支持。1900年至1912年，他在完全没有欧洲人陪同的情况下三次在中国新疆探险，行程4万多公里，陪伴他的只有几条狗（这几条狗都叫达西，不过编号不同）。在这三次旅行中，他在各处进行地形测量，写了大量记载所见所闻的日记。他不仅发现了几百处古遗址，还收集了10万多件文物。他在中国的活动的详情，见于《掩埋在黄沙下的古和田》（1903年伦敦版）、《埋藏在中国大沙漠中的古遗址》（1912年伦敦版）、《中国-印度研究》（1921年牛津版）等书的记载。

毁誉参半的奥雷尔·斯坦因

在英国，奥雷尔·斯坦因所做的工作为他赢得了承认和赞誉。1904年，他加入英国国籍，1912年被封为爵士，同年获得了英国皇家地理学会颁发的"先驱者金质奖章"。此外，他还获得了牛津、剑桥等大学的荣誉学位。1931年他在中国进行的第四次探险却遭到了挫折，以后他再也没有来中国。中国政府禁止他在和田进行考古挖掘，他从和田以外的地方出土的文物全部在喀什被没收。奥雷尔·斯坦因遭到指控，说他是帝国主义窃贼，从中国窃走了许多价值连城、独一无二的文物，特别是他劫掠了大量敦煌古文卷，使中国文化事业遭到不可弥补的损失。中国政府曾多次要求大英博物馆退回这些文物，均未果。随着时间的推移，这种状况并没有改变。

对于奥雷尔·斯坦因既了不起又惹人非议的事业，与他同时代的两位学者进行了归纳。英国著名历史学家、旅行家欧文·拉蒂摩尔（Owen Lattimore, 1900-1989）说，在他那一代人中，奥雷尔·斯坦因最完美地实现了"学者、考古学家、探险家、地理学家的合而为一"。英国考古学家、美索不达米亚（今伊拉克）乌尔皇家古墓挖掘者雷奥纳德·乌雷爵士（Sir Leonard Wooley, 1880-1960）盛赞奥雷尔·斯坦因的考古活动，认为他"进行了迄今为止最大胆、最具冒险性的考古挖掘。"

毫无疑问，奥雷尔·斯坦因从敦煌千佛洞藏经窟掠走了大量纸质和丝质的中国古代文卷。不过，他对长城研究的贡献似乎没有引起大的争议：毕竟是他率先发现并测量、拍摄了汉长城的西段，也是他率先对这里的长城的建筑物进行了考古发掘。

1907年春季，奥雷尔·斯坦因考察了甘肃西北部的古代边防工事，也就是他所说的"敦煌地区长城敌楼"。如同他的其他发现一样，敦煌敌楼的发现纯属偶然，然而意义重大。

事情发生在那年2月底，奥雷尔·斯坦因一行从位于丝绸之路南缘被黄沙掩埋了一半的古城米兰出发，向东面的佛教文物圣地敦煌跋涉。在穿越戈壁沙漠的时候，他偶然发现了"古老的边界"（见《埋藏在中国大沙漠中的古遗址》一书）。他对这里的古遗址进行了初步考察。为了补充给养、休息，也是为了购买新的骡马和雇用新的民工，他们随后向敦煌所在的绿洲进发。到达敦煌后，发现负责看管千佛洞的王道士外出化缘，不在家，因此奥雷尔·斯坦因这次在敦煌逗留的时间不长，很快就返回汉长城所在的地方。

到5月初，戈壁滩越来越热，终于到了人无法忍受的地步。尽管如此，奥雷尔·斯坦因还是考察了大约100公里的汉长城。其间找到并确认了玉门关和叫做"河仓"的古粮仓，还对几十座烽燧进行了考古发掘，出土了大量日用品和汉简。此外，他从不同的角度拍摄

1907年4月18日，奥雷尔·斯坦因考察玉门关附近长城时绘制的现场地图，现存牛津大学图书馆

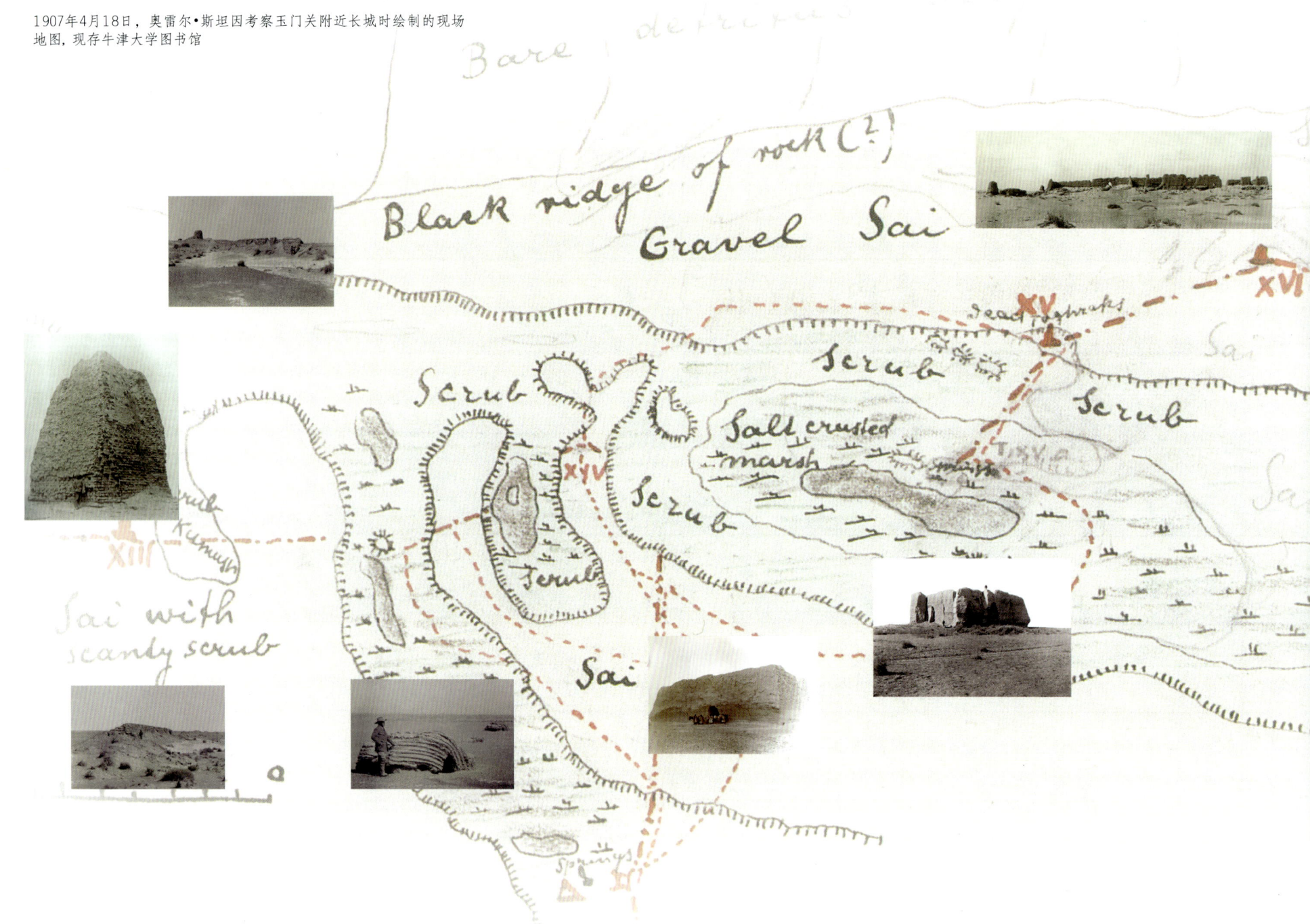

喀什英国总领事馆。这幅照片是总领事乔治•麦卡特尼的夫人凯塞琳•麦卡特尼拍摄的，当时英国总领事馆被称作"中国花园"。从1900年起，奥雷尔•斯坦因每到喀什便应总领事夫妇的邀请在这里下榻；不过他总是在总领事馆花园里搭帐篷露营，还在帐篷里冲洗照片。"中国花园"现在成了宾馆，原英国总领事馆在宾馆后院

了许多古代遗留下来的边防工事。美国考古学家、哈佛大学教授兰登•瓦纳（Langdon Warner，1881-1955）高度评价奥雷尔•斯坦因在敦煌一带的考古发现，认为"这是当代最具戏剧性的发现，对于诠释中国和中亚历史具有长远意义。"

对于汉长城的考察，斯坦因在写给一位英格兰朋友的信中，他的兴奋心情溢于言表：

"当我在马背上巡视那些新发现的烽燧时，有时我感到它们仍有活着的士兵驻守。这些烽燧门前的空地上，小屋前，散落着当年士兵使用过的东西。目睹此景，我不由得感叹：在历史的长河中，2000年不过是一瞬间。"

正是有了奥雷尔•斯坦因当年拍摄的七张老照片，我才得以重摄历史长达2100多年的汉长城遗址，从而通过与老照片比较，直观地显示在过去一个世纪中汉长城发生的变化。

二十里大墩
（斯坦因的编号：IX号烽燧）

在从米兰去敦煌的路上，奥雷尔·斯坦因发现了这座烽燧，并给它编了序号IX。一个月后，当他返回这里的时候，发现一个月前他留下的脚印仍然"绝对清晰"，这使他十分惊异。在下面的文字中，奥雷尔·斯坦因描述了这座烽燧的建筑结构，并解释了它何以保存得如此完好：

风和风蚀是古建筑的最大敌人，在几乎完全没有降雨的地区尤其如此。但是，对于此类地区的平坦地面以及地下埋藏的文物，风和风蚀显然未能造成应有的破坏作用。

于是，对于这段长城的头两座烽燧何以保存得如此完好，我不再感到惊异。这两座烽燧距地面约30英尺高，基础相当坚实，面积为20平方英尺左右。烽燧越向上越细，上面本来有得到胸墙保护的指挥间或指挥台，不过胸墙上的砖早已脱落，用于加固顶层的胡杨木梁也已光秃。眼下这两座烽燧都没有楼梯，因此我们无法到顶层去——当年应当有楼梯和用于登楼的绳索，不过这些已经荡然无存。在其中一座烽燧的东墙上，我看到砖面上有小洞，这也许是爬楼时的立脚处。在这两座烽燧周围，我们没有发现曾经有人居住的痕迹，比如居住者遗弃的东西。这里的戈壁滩砾石遍地，地形十分平坦。也许是为了更好地监控它们俯视的大地，在这砾石遍地的高原上，两座烽燧的位置都非常突出，周围还有一些不大的沟壑。

按照甘肃省考古所岳邦湖研究员指示的路线，我们乘坐吉普车前往当地人所说的"二十里大墩"——这座烽燧在玉门关以西10公里，故名"二十里大墩"。二十里大墩在自然保护区的里面，由于保护区限制来客人数，每年来二十里大墩的人不超过200，其中大多数是生态学和考古学方面的专家。这是二十里大墩保存完好的一个重要原因。

2006年秋季，我前来重摄二十里大墩。假如奥雷尔·斯坦因在这个时候旧地重游，他会比99年前初到此地时更加惊奇。这一带长城建筑物，数二十里大墩变化最小——须知二十里大墩已经是2116岁高龄了，保存得如此完好，简直难以置信。仔细考察，我们发现这是一座干打垒建筑物，土坯上覆盖了厚厚的一层泥土。在二十里大墩左墙面上，这层泥土仍然清晰可见。

二十里大墩 斯坦因摄于1907年

二十里大墩 威廉•林赛摄于2006年

XIII烽燧以东的"古老边防墙"(从东西两个方向看)

关于自己的这段经历,奥雷尔·斯坦因写道:

我决定尽可能沿着长城及其烽燧构成的曲线向东走。当我们走下砾石遍地的陡峭山坡的时候,残留的长城看上去越来越高。在超过一英里长的这个路段,尚存的长城依然大体完整。这段长城离地面的高度大约为5至6英尺,下部还有好几英尺被沙掩盖——强劲的风把黄沙吹到这里,并在长城脚跟下堆积起来。

甚至不用刮擦墙面,我们就很容易地看到修筑这段长城使用的材料。由于风蚀,大多数地方的束柴护门已经消失;然而,墙体上的夯土和芦苇捆依然层次分明。每层夯土大约七英寸厚。尽管这混杂着砾石的建筑材料相当粗劣,但这夯土层却十分结实。芦苇层也是大约七英寸厚,芦苇捆扎得非常结实而且排列有序,芦苇头也切割得很整齐。墙体平均厚八九英尺。

这两张老照片的画面,是从东西相反的方向拍摄的同一段长城。这段长城外形独特。它用层层芦苇捆修建,保存最完好的地方有10层芦苇捆,因此看上去像是茅草盖顶。面向西的画面上还有一座烽燧。两幅老照片上的人是同一个人。从包头巾和穿着看,此人应当是个印度人。几乎可以肯定,他是奥雷尔·斯坦因的助手,名叫拉姆·辛格(Ram Singh)。他来自印度测绘局,为奥雷尔·斯坦因提供与地图相关的服务。

"XIII号烽燧以东的古老边防墙"(向东看)威廉·林赛摄于2006年

重摄中我发现这一带长城的变化微乎其微。从面向东的新照片上,看到老照片上拉姆·辛格头上的芦苇捆在经历一个世纪的风雨之后已经有所破损,拉姆·辛格左面的长城从地面到第六层芦苇捆也有少许破坏。这段拥有2100年历史的汉长城至今保存完好,的确令人赞叹。为了加强保护,周围已经树立起栅栏。

玉门关

"XIII号烽燧以东的古老边防墙"(向东看)斯坦因摄于1907年

万里长城 百年回望 从玉门关到老龙头

"XIII号烽燧以东的古老边防墙"（向西看）威廉·林赛摄于2006年

玉门关

"XIII号烽燧以东的古老边防墙"（向西看），斯坦因摄于1907年

"备用"的积薪

奥雷尔·斯坦因还发现了用芦苇捆构筑的工事，他写道：

第一次来此探险，在考察了几座烽燧时，一些小土墩堆引起了我的注意。每个小土墩占地七八平方英尺，最高的有7英尺。仔细检查，我发现这些土墩实际上是捆扎起来的的芦苇或树枝护捆，它们层层平放，两层之间有沙石。那么，这是有意设计的呢，还是原先只有护捆，沙石是被飓风挟裹来的？对于这个问题，一时难以回答。

这些护捆摆放得非常整齐。我们发现，无论是用芦苇还是树枝捆扎而成，它们都与修建长城用的护捆相同。由此我意识到，这里的护捆是用于长城紧急抢修的预制件。有了这些预制件，一旦长城出现缺口驻军就能就近取材修复，而不必从远处调运建筑材料。但是，我们仍然不明白为什么在有些烽燧，有的护捆被整个儿烧掉了，只留下炭渣。对此我们作了种种猜想，然而就连最"合理"的猜想最后也被我们自己推翻。这个谜团，直到乔万先生把部分汉简的内容翻译出来才被解开（奥雷尔·斯坦因把他出土的汉简送回伦敦找人翻译——作者注）。原来各烽燧经常需要点燃烽火，显然，当情况紧急或者在夜间必须点燃特别大的烽火的时候，守军就干脆点燃整捆芦苇或树枝。

"备用"的积薪　　斯坦因摄于1907年

不过值得指出的是，甘肃省考古研究所的岳邦湖认为，这些芦苇捆即积薪只用于点燃烽火，不用于修复长城。沙石是风吹来的。

重摄此地，我在长城南面150米的地方找到了五个这样的积薪，而且全都用栅栏围了起来。

玉门关

"备用"的积薪 威廉·林赛摄于2006年

玉门关

（斯坦因的编号：T. XIV号烽燧）

下面是奥雷尔·斯坦因对XIV号烽燧的描述：

跋涉10英里后，我们看到一座保存完好的小型堡垒。这座堡垒大约30英尺高，各部分的比例适当，墙是用若干层夯实的泥土堆成的，每层大约3英寸厚。围墙底部厚达15英尺，边长约90英尺。作为防御工事，那是再好也没有了，不仅能抵挡来犯的敌人，而且能挡住从东面刮来的大风。就是在这里安家也不错。不过在堡垒里我们没有发现有人长期居住的痕迹。地上有些垃圾，看来是近年有人在这里临时落脚时留下的。我在城堡的一角找到了仅存的楼梯，得以爬到楼顶，四面望去，周围全是荒野。

站在楼顶上看周围，视野宽阔，景色壮美。此刻太阳在我们的背后，东北方向的远处，有四座错落的烽燧沐浴在阳光下，像是无声的卫兵捍卫着我在这里，还有那里发现的一段又一段长城。在我的眼中，这段长城连成一条时隐时现的棕色长线。我想，这座高地上的堡垒位置实在优越，在这里，指挥官能清楚地观察连成一条线的各个烽燧，看到信号从一座烽燧传送到另一座烽燧。然而，这一切发生在多少年前？北方地平线上，清楚地耸立着昏暗的荒山。库鲁塔格山脉（音译，黑山—作者）的山头上寸草不生，这些山头最先看到长城及其烽燧的建成，并且随着时光的流逝目睹这些建筑物一一消失。

几个星期后，奥雷尔·斯坦因返回T. XIV号烽燧，并以他特有的系统工作方式对这座建筑物及其周围进行了系统的考察。在这座烽燧北面90米处的小山脚下，他雇用的工人挖掘出一些陶器碎片，还有一些从公元前48年到公元前45年遗留下来的汉简，汉简上有字迹。奥雷尔·斯坦因写道：

这些文件看来是写给某个高级军官的。这使我们联想到这里可能是敦煌防御体系中的一个地区性司令部。这个想法后来得到了支持——我了解到，至少有一份文件肯定来自敦煌地区的最高军事长官，还有几份文件是遵从这位长官的命令向他提交的报告。

就这样，奥雷尔·斯坦因找到了玉门关。

重摄玉门关，我没有遇到周折。玉门关又称"小方盘"，在敦煌以西90公里。我重摄的两幅照片，分别显示"小方盘"的东北墙面和西墙面。

玉门关东北墙面的老照片是在一个清晨拍摄的。奥雷尔·斯坦因在《埋藏在中国大沙漠中的古遗址》一书中说，小方盘内孳生着讨厌的虫子，因此他们在小方盘附近露营，而不是在小方盘内。现在玉门关北入口被人用砖头封死，我们看到牲口粪招来不少虫子，据此推断可能是牧民把门封死，在小方盘里养牲口。为了使画面生动，奥雷尔·斯坦因拍摄照片时候喜欢镜头中有人。在这张老照片上，紧挨玉门关东面墙的东南角处还有一段夯土墙屹立着。岳邦湖说，这段夯土墙早在20世纪80年代就崩塌了。

玉门关

玉门关（东北墙面）威廉·林赛摄于2006年

玉门关（东北墙面）斯坦因摄于1907年

重访此地，发现玉门关东北面墙部分（紧靠入口左面）已经重修，整个玉门关已经围上了金属栅栏。

在玉门关西墙面的老照片上，即西入口处，有奥雷尔·斯坦因雇用的4个人和他们的马。夜间，这些马匹很可能被栓在玉门关里。照片右手角落里有一个很小的东西，那是一条狗，几乎可以肯定它是奥雷尔·斯坦因豢养的众多名犬之一。奥雷尔·斯坦因的"达西系列犬"早就出了名。老照片上的犬是"达西2号"，又名"猛追大帝"。这是一条猎狐犬，1904年还是崽子的时候就被奥雷尔·斯坦因收养，以后陪伴奥雷尔·斯坦因在塔克拉玛干大沙漠周围探险，行程1万英里。《每日邮报》曾开辟专栏，介绍奥雷尔·斯坦因的这次考察，其中一篇文章说"猛追大帝"是奥雷尔·斯坦因"最好的朋友"，这条狗由此出名。文章说，这条狗习惯于跑在主人前面，主人宿营后才回到主人身旁，只有在酷热难耐的时候才和主人一道骑马，因此它实际上"走"了2万英里。"猛追大帝"活到14岁，1918年在牛津死于车祸。当时奥雷尔·斯坦因住在牛津，正在与出版商洽谈《中国—印度研究》一书的出版事宜。"猛追大帝"的照片，后来收入这本书中。

玉门关(西墙面) 斯坦因摄于1907年

重摄此地，发现自老照片拍摄以来玉门关没有发生明显的变化。新照片上那个靠着栅栏的人来自北京。他看了老照片，认为奥雷尔·斯坦因给后人留下了值得研究的照片，这一点应当肯定。

玉门关(西墙面) 威廉·林赛摄于2006年

河仓城遗址

关于这处古遗址,奥雷尔·斯坦因是这样描述的:

第二天(1907年4月26日)早晨,我把营地转移到5英里之外,那里有一处很大的古遗址。我们在第一次去敦煌途中见到过这处古遗址,它那巨大的规模当时就让我们惊叹。

对于敦煌地区长城建筑物的结构和布局,我已经不再陌生。对这个遗址,我也进行了研究。尽管如此,它的性质和功能究竟是什么,开头我仍然无法找到回答这个问题的任何线索。

遗址的围墙总共长550英尺,乍看上去像衙门。但是,围墙内建筑物的形制与衙门完全不同。它有三座建筑物,各为139英尺长、48.5英尺宽,纵向朝南排列。

奥雷尔·斯坦因在这里进行了详细勘察,发现这三座大厅全都没有窗户,对此他感到迷惑不解。又是汉简给他提供了揭开这迷团的线索。奥雷尔·斯坦因认为他出土的汉简中有两方面内容与这古遗址有关,一是这座粮仓的位置,再就是这粮仓于公元前52年建成。他写道:

这座外形古怪的大型建筑物很可能是为长城沿线驻军提供给养的仓库。它的建筑结构相当独特:没有窗户,却有通气孔;三座大厅都不适宜人类居住;遗址建在高处(此地北面就是湖泊和沼泽地),周围交通便利;从遗址内的军事设施布局看,守军的主要任务是防贼,而不是打退来犯的敌人军队。

河仓像是一个巨大的方形盘子,因此又名"大方盘"。它紧贴从短短的疏勒河南岸向东蜿蜒至玉门关的长城。诚如奥雷尔·斯坦因考证的那样,河仓是一处粮仓,不仅为守卫长城的军队而且为长城怀抱中丝绸之路上的商人提供给养。

河仓长约132米,最宽处17米,保存最完好的部分高7米。粮仓必须通风,才能防止粮食霉烂。在防止粮食霉烂这个问题上,河仓得益于它的地理位置。这座粮仓在疏勒河和附近沼泽地的南面,地势较高,空气流通。另外,三座大厅的墙上都开了相当大的通气口。

1943年,考古学家在这里发现了一个石碑,上面有西晋11年的字样。这说明河仓建成后至少使用了大约370年。这里还发现了大麦和小米。

重摄此地,发现过去一个世纪中河仓几乎毫无变化。现在河仓已经用栅栏围了起来。

玉门关

河仓城遗址 斯坦因摄于1907年

河仓城遗址 威廉·林赛摄于2006年

嘉峪关

- 嘉峪关
- 讨赖河
- 第一墩
- 开放长城
- 关城和长城
- 柔远楼
- 天下雄关碑记
- 东门（内、外）
- 山丹长城口

嘉峪关长城鸟瞰（王金摄）

嘉峪关位于甘肃省西北部，我们再次造访的嘉峪关长城，乃是明长城的最西端——对此，人们没有争议。

明朝（1368-1644年）是把长城当作军事防御工程使用的最后一个朝代。明长城起于西部大戈壁，向东蜿蜒大约6700公里，穿越广袤的中国大地，直到鸭绿江。从地形学的角度说，明长城沿途有不少地方非常便于大规模的骑兵入侵。这些易攻难守的"关口"，也就是战略要地，是长城防御体系建设的重点。当年这些地方的防御工事规模宏大，体系完整，并且不断得到改进。

"嘉峪关"中"嘉峪"的意思是"美丽的山谷"。"关"的意思是"屏障"。过去西方人经常把中国比作"美丽的山谷"（The Pleasant Valley），因此把"嘉峪关"称为"美丽山谷的屏障"（Barrier to the Pleasant Valley）。顾名思义，在嘉峪关修建长城工事，显然是为了抵御游牧民族的入侵。这些防御工事的设计，充分说明当时的军事战略家善于利用地形，从而确保这个战略要地万无一失。具体地说，嘉峪关位于长达1000公里的河西走廊最狭窄的部位，南北宽度仅15公里，是整个河西走廊地区的瓶颈。这样的地理条件，使长城防御体系的功能得以加强。在嘉峪关地区，来者只会有两个选择，要么强攻固若金汤的长城防御体系；要么绕道，避实就虚，然而嘉峪关周围几乎无法通行。

嘉峪关以北的黑山，是马鬃山脉的一部分。嘉峪关以南是山麓丘陵，它们在延伸中突然拔地而起，成为祁连山白雪皑皑的峰顶。戈壁沙漠中的这个狭窄地段有两个突出的特点：首先是有一块高地，长城防御工事就建在这里；其次是有一处深谷即祁连山峡谷，深谷两旁是陡峭的峡壁，其走向与南面的丘陵平行——这里，就是明长城的西部起点。

嘉峪关雄踞高原要津，这是一个庞大的关城，内径有1000米，北面有所谓"暗壁"，南面是城墙。雄关傲视，高墙屹立，三座城楼耸立其上，每座城楼都是三层飞檐——这一切，都在对来自远方的入侵者显示中华帝国的强盛。1935年，曾经有一位名叫米尔得里德•凯布尔(Mildred Cable，1878-1952)的英格兰女传教士从西面接近过这个地方。她没有携带相机，不过她用文字描述了这里的壮美景象。她写道：

眼前是碎石遍地的荒原，马车在剧烈的颠簸中一英里一英里地缓慢前行，关城的轮廓逐渐清晰起来。那座建筑物的确雄伟：中间是拱楼，北面是塔楼。从这里起，长城宛如长蛇，钻进山谷，又爬上一座山，最后在顶峰上消失。

长城这座历史丰碑屹立在我的眼前，雄浑而又尊严。面对长城，人们不禁思绪翩翩：这里是嘉峪关，是"美丽山谷的屏障"，是一个伟大却令人迷惑不解的建筑物的西部起点。这个建筑物，就是中国的万里长城。此时此刻，长城在我们北面的山脊上蜿蜒爬行；它将顽强地穿越中国大地直到海边，无论是高山、山谷还是河流、沙漠都不能阻挡。它的旅程将长达1200英里。

（以上摘自米尔得里德•凯布尔与佛郎西斯卡•弗兰奇所著《戈壁大沙漠》一书）

早在米尔得里德•凯布尔之前30多年的1907年，奥雷尔•斯坦因成了携带照相机造访嘉峪关的第一位欧洲人。他在嘉峪关城外建立了营地，用了整整两天时间考察嘉峪关的防御工事。奥雷尔•斯坦因拍了一些照片，我在他当年拍摄地重摄了三幅。不过要说明，现存的嘉峪关老照片，多数是美国人威廉•埃德加•盖尔在1908年拍摄的，当时，他即将结束为期两年的长城考察。

这两位早期长城探险家拍摄的照片，为我们了解近100年来长城发生的变化提供了佐证。这些老照片准确地显示了长城建筑物丰富多彩的面貌：有雄伟的关城、高耸的城楼，当然，还有人们难得一见的夯土长城。

在瓮城内看光华楼 威廉·林赛摄

嘉峪关

威廉·埃德加·盖尔 —— 万里长城全程探险第一人

20世纪初期，人们已经从当时的地图上了解到，长城在中国北部的广袤的大地上蜿蜒前行，但是人们所看到照片上的长城都是北京地区砖石结构的长城。

首次从东向西对长城进行全线探险从而使人们看到北京地区以外的万里长城的，是来自美国的传教士兼探险家威廉·埃德加·盖尔。地图上表现的长城规模使他惊叹，同时使他感到人们对长城的了解实在少得可怜——这，就是他决心进行长城全线探险的原始动力。他撰写的《中国长城》（1909年首次出版）一书，开头就用幽默的语言诉说了他当时似乎有些酸楚的心情：

这是中国的万里长城——地理学家告诉大家的就只有这句话。长城是用什么建造的？是不是用瓷器建造的？如果是的话，为什么要用瓷器建造？长城现在有多长？曾经有多长？对不起，统统不知道。

威廉·盖尔是一位美国基督教福音传教士，来自宾西法尼亚州多埃斯顿城。1907年初他来到中国考察长城，从1907年3月到1908年8月，在中国逗留了大约18个月。盖尔主要考察明长城建筑物，他从渤海之滨的山海关出发西行，一直走到戈壁沙漠中的嘉峪关。

威廉·盖尔在旧金山登船，穿越太平洋来到中国。尽管他已经是老练的旅行家，却难以掩饰自己的兴奋之情。他写道：

威廉·盖尔像（1910年，45岁；背面有他的签名）

嘉峪关

威廉•盖尔摄于1907年，1925年送给路德•牛顿•海伊斯大银幕幻灯片，幻灯片由上海一位画家着了色。威廉•林赛试图寻找它的拍摄地点，但没找到

万里长城 百年回望 从玉门关到老龙头

嘉峪关碑记上的文字
（据威廉·盖尔1907-1908年的拓片复制）

威廉·盖尔一行穿过沙漠 拍摄于1908年

沿着长城全线旅行！对此，我们早就是日思夜想，而现在我们则心急如焚，盼望早些到达中国……我们终于在金门城登船。航船在大洋中破浪前进，接着在风景如画的夏威夷停靠——无论在哪里，我们的心情都是那样急切。长达1200英里的长城不时在我们的脑海中浮现，它的形象是那样生动，那样鲜活，无论如何也无法从我们的脑海中消失。除了长城，我们忘却了一切——无论是我们自己还是总统大选，无论是正在喷发烈焰、浓烟的巴尔干火山还是绿树掩映的多埃斯顿城，都被我们排除在思绪之外。长城无时无刻不和我们在一起——吃饭的时候我们想着长城，沉思的时候我们想的是长城，夜间闯入梦乡的还是长城。

1907年之前，盖尔曾乘坐轮船沿长江顺流而下。长城考察结束之后，在第三次来中国之行中，他还造访了18座古代都城以及5座佛教名山。然而，他一生中最了不起的业绩，乃是他率先对长城进行的考察并且获得了成功。他的足迹，遍及长城全线的主要遗址。他还在大西洋两岸出版了关于长城的第一部专著——《中国长城》。这是一部具有里程碑意义的著作，不仅用

威廉·盖尔的骡队在河北省境内的太行山 拍摄于1907年

嘉峪关

山海关碑记上的文字
（据威廉·盖尔1907—1908年的拓片复制）

文字而且用高质量的照片再现了宏伟壮丽的长城建筑物以及丰富多彩的长城景观。为了执行"万里长城，百年回望"项目，我们在许多地方重摄了威廉·盖尔当年拍摄过的长城。作为本书作者和"万里长城，百年回望"项目的首席摄影师，我要说明正是威廉·盖尔的大作启发了我，使我认识到在唤起公众保护文物方面，重摄技术能够成为强有力的手段。

在完成长城探险之后，盖尔开始往来于大西洋两岸，用一部幻灯放映机向公众展示长城的风貌。这部放映机设计奇巧，能把幻灯片上的形象表现得像实物那样大。凭借出色的口才和广博的历史知识，身材高大、面目英俊的盖尔吸引了大批观众。他把传教的才能与普通人的幽默完美地结合在一起，征服了他的听众。

1925年，盖尔去世。尽管在世的时候成就突出，名声显赫，他在去世后不久却被人遗忘。这与奥雷尔·斯坦因生前死后都被人称道或者评说的情况适成鲜明对照。这也许是因为奥雷尔·斯坦因是一位精明的收藏家,他在探险中获取了许多价值连城的文物,在他死后,他的不少藏品被众多博物馆收藏。而盖尔的情况恰恰相反,他不是收藏家,而是一心宣传基督教的传教士,除了照片和少数拓片外,盖尔没有从长城拿走任何东西。在美国,没有一家博物馆拥有关于盖尔长城探险的记录。宾州多埃斯顿城是盖尔的家乡,1865年,盖尔在这里出生,直到1925年去世,他一直在这里居住。然而,尽管他是长城探险的伟大先驱者,故乡的人们对他的历史地位几乎一无所知,更谈不上纪念他了。

盖尔长城探险的细节,例如他的考察路线、考察日记等等在他的书中并无记载。那么是否如人们期待的那样,他的亲属或朋友精心保存了他的日记、手稿、拓片、底片、版画、幻灯片等重要资料?这个问题,眼下无人知晓。

尽管如此,我们还是能够推断,在长城探险的过程中,盖尔可能多次绕路,前去拜访附近的传教士。他可能在北京度过了1907至1908年的冬季,用这段时间学习汉语,研究中国历史。看来,他在学习语言方面颇有天赋,因此在较短时间内就掌握了汉语。可以肯定,他结识了历史学家威廉·马丁(William A.P.Martin),并且与马丁交了朋友。我们还可以推断,在长城探险的早期,路德·牛顿·海伊斯(Luther Newton Hayes, 1883-1978)曾经一连几个星期和他一道活动。海伊斯的父亲也是传教士,当时在天津工作。1929年,海伊斯出版了一部关于长城的专著。这本书篇幅不大,书中插图均为盖尔提供。盖尔还给了他75张幻灯片,以后他把这些幻灯片送到上海,请一位画家为它们上色。

盖尔拍摄的照片中,有不少幅在构图、曝光、印制方面达到了很高的职业水准,然而,他在自己的书中没有一处提到他使用的摄影技巧。1927年,传记作家菲利普·惠特威尔·威尔逊(Phillip Whitwell Wilson)出版了盖尔的传记,书名是《一位探索世界变化的探险家》。在这本书中,威尔逊只是轻描淡写地提到了盖尔的摄影水平,说"拍照时,盖尔博士绝少出现聚焦不准的情况。"我们还从别的地方了解到,中年以后,盖尔与康斯坦斯·埃默森女士结了婚,夫妇俩在多埃斯顿城一处叫做"荒原之家"的大宅子里安了家。

根据威尔逊书中对盖尔夫妇住宅的描述,我们得知威廉·盖尔的书房中图书满架,还有不少他在旅行中收集的古玩。房子外面耸立着两块碧石岩浮雕,分别雕刻着两行笔画雄浑的汉字。中国长城的东西两端分别各树立着一块石碑,这两块浮雕正是它们的复制品,上面的汉字"天开海岳"和"天下雄关"也是按照碑文的拓片复制的。这两块石碑的原件至今依然完好,东面的那块耸立在渤海之滨,日复一日地接受海风的吹拂;西面的那块傲然屹立,一如既往地与戈壁风沙一争高低。

关于长城探险,威廉·盖尔在书中这样说:"我们的决心不可动摇,一定要取得完全、彻底的成功。这样,如果将来有历史学家前来考察长城,那么他们将发现除非抄袭我们写的东西,否则不会有多少话好说。"

盖尔用他的相机为后人留下了珍贵的长城历史资料。今天,他的照片更为珍贵。正是这些老照片,使我们看到了近100年来长城经历了怎样的沧桑。

嘉峪关关城和长城，上色玻璃幻灯片，威廉·盖尔拍摄于1908年8月

祁连山谷中的讨赖河

准确地说，明长城墙体的西部起点应该是"第一墩"。从新老两幅长城照片上都能看到，"第一墩"位于左上角地平线上，实际上是一个墩台，摇摇欲坠地蹲踞在82米高的峡壁上。峡壁下面，讨赖河中的冰雪融水奔腾而下，湍急的河水冲刷着河道，河的转弯处冲刷尤其严重，直接威胁"第一墩"的基座。

1908年，威廉·盖尔曾经在此处拍摄。重新拍摄的照片显示，为了保护这座墩台，当地于1999年修建了一条防波堤，从而减轻了河水对峡壁的冲刷。

1998年，一位名叫郭迎明的香港游客来到这里，目睹讨赖河对峡壁的冲刷，他不由得忧心如焚，预感到下次再来此地，由于河水不断侵蚀峡壁，这座墩台很可能不复存在。于是他慷慨解囊，捐献了50万元人民币，加上当地政府出资20万元，使这条防波堤得以修建。

讨赖河，1908年威廉·盖尔拍摄，后被制作成大银幕幻灯片

嘉峪关博物馆馆长李晓峰，介绍讨赖河的情况

讨赖河，2005年威廉·林赛拍摄

嘉峪关

长城"第一墩"

威廉·盖尔于1908年8月拍摄的"第一墩"照片中有他自己的形象。对于自己漫长旅途的最后几英里,他进行了如下描述:

> 我们骑骡子来到这里,造访万里长城真正的终点。我们发现,嘉峪关本身并不是长城的终点,长城的真正终点位于嘉峪关西南15里处。这里荒无人烟,从嘉峪关到这里,途中我们没遇到一个人,也没有发现任何民居。不过我们看到了5头黄羊,证明这里仍有生命存在。除了扑面而来的风沙以及棕色的灌木丛,这里没有其他色彩。如果不是终于看到了我们苦苦寻找的万里长城的终点,那么我们绝对没有必要进行这次乏味的旅行——万里长城毕竟是亚洲最伟大的建筑物,看到万里长城的终点,总算不虚此行。
>
> 长城真正的终点到了!但眼前的一切,使我们大吃一惊。这座建筑物并不紧靠南面的山,而是建在一座大约200英尺高的陡峭峡壁上;这个峡壁几乎成直角,像是工程人员凭铅垂线砍出来的。克拉克先生往下丢了一块石头,他的心脏跳动8次之后,才听见石头落入河水的声音。

在长城沿线众多的烽火台中,从西数"第一墩"是第一座,从东数是最后一座。这座墩台俯视祁连山谷,隔着讨赖河与南面的祁连山脉遥遥相望,四面望去,西面的戈壁沙漠一览无余。长城残段从这里延伸,直到7公里外的嘉峪关。这段长城修建于1539年,是在肃州兵备道李涵监督下修成的。

从重摄的照片上可以看到,第一墩的基座依然完好,只是稍微

长城 "第一墩" 威廉·盖尔摄于1908年

残破了一些。这座珍贵的墩台现在被栅栏围了起来,既是为了保护这座古建筑,也是为了确保游人安全——现在,登上这陡峭峡壁的游人越来越多。

嘉峪关

长城"第一墩" 威廉·林赛摄于2005年

嘉峪关关城与嘉峪关长城

威廉·盖尔于1908年拍摄的嘉峪关照片,是现存最早完整表现嘉峪关城墙的图片资料。在这幅老照片上,我们看到除城墙外,只有一匹马和马夫。为了弥补照片的不足,威廉·盖尔用文字记录下来他在城门外的所见:

我们孤零零地穿过了嘉峪关西门,孤零零地置身于茫茫荒野。往西看,景色荒凉,没有人烟,寸草不生的沙漠无边无际,一直延伸到天边。纵目远望,只见漫天风沙,遍地碎石,此外还有残破的电线杆子,像是已经石化的人在沙漠中站立,高高举起电线,似乎在向远方的人们传递和平或者战争的信息。

重摄的照片显示,在嘉峪关城门外,威廉·盖尔所说的"电线杆子"成倍地多了起来,与过去一样,大多数是输电线。现在的嘉峪关坐落在林立的电力"华表"中,表明这个城市的现代工业日益繁荣。

早在1987年,长城就被联合国教科文组织列入世界遗产名单。然而,它至今只被看作文化遗产,而不是文化-自然遗产。因此,从理论上说,长城的自然景观没有列入保护范围。我们要强调,长城自然景观必须保护,因为它不仅具有美学意义,而且具有考古价值——这乃是因为长城是就地取材修建的。

嘉峪关关城与嘉峪关长城 威廉·盖尔摄于1908年

嘉峪关关城与嘉峪关长城 威廉·林赛摄于2005年

嘉峪关开放长城

为嘉峪关长城留下许多重要老照片的还有奥雷尔·斯坦因。1907年7月的一天,当斯坦因快要接近嘉峪关的时候,看到落日映照下的长城构成了一条时隐时现却又十分清晰的白色曲线,目睹此景,他不由得惊异万分。当时,他距离嘉峪关32公里,还得再走多半天才能到达嘉峪关。

第二天,经过"漫长而又乏味"的跋涉,斯坦因一行总算离嘉峪关不远了。此时,"阳光直射大地,没有一丝风,天气炎热、干燥",他们只好找阴凉的地方暂时躲避起来。如此断断续续,终于走完了最后一段路。斯坦因写道:

在大约2英里的地方,我们终于看到了城墙上那座好几层高的木质城楼;更近一些,我们看到,城门由一座正方形的堡垒拱卫,土质城墙从那里向两边延伸。往南看大约7英里是南山,山脚下有一处防御工事。

斯坦因拍摄的照片,把这段7"英里"(实际上是7公里)长的长城的全貌呈现在我们眼前。那时,这段长城十分完整。从他的照片上看,除了少数延伸进地平线那头山里的部分,整段像是一条蜿蜒前行的长龙。不幸的是,这条"长龙"的"尾巴"现在已是支离破碎了。17条输电线路,外加一条废弃的公路、一条主路、两条辅路、八条土路、两条铁路把这段长城分割得惨不忍睹。人们在长城边仅10米的地方取土挖沙,本来就十分脆弱的戈壁沙漠的生态环境因此遭到了进一步破坏。

不过也有迹象表明人们开始注意长城景观的保护。比如2004年,西气东输管线和312国家高速公路都是从这段长城下面挖隧道穿过的。

2006年的一天,威廉·林赛等待最佳拍摄光线,趁这个时候录入GPS资料

万里长城 百年回望　从玉门关到老龙头

嘉峪关开放长城 斯坦因摄于1907年

嘉峪关开放长城 威廉·林赛摄于2006年

嘉峪关关城与柔远楼

这里有两幅老照片，都是斯坦因在1907年拍摄的，一幅是远景，一幅是近景，把嘉峪关关城上建筑物形象地展现在我们眼前。近景的照片的画面是柔远楼，即照片远景中左起第二座建筑物。柔远楼紧靠城楼右边，斯坦因的拍摄地点是嘉峪关城楼的第二层。

远景照片的拍摄时间是1907年7月19日。照片刚拍完，斯坦因就遇到了一队"衣着华丽"的士兵，他们是嘉峪关驻军司令派来保护斯坦因一行的。在士兵的陪同下，斯坦因一行连人带马走小路来到位于嘉峪关东南的一片"树木环绕、景色秀丽的草地"。按照自己的习惯，斯坦因立即动手安营扎寨。但是，还没来得及把帐篷树起来，就来了一位"尚大人"。这位"尚大人"是嘉峪关守备，是一位和蔼可亲的老先生，他的衙门就设在嘉峪关城内。斯坦因与"尚大人"以嘉峪关防御工事为话题攀谈起来，谈得非常投机，斯坦因甚至忘掉了自己本来是打算洗澡换衣服的。没有费什么事，斯坦因就获得了这位"神采奕奕"的"驻军司令"的青睐，被他派来的轿夫抬进他的衙门：

走进嘉峪关城门，穿过大街，短短一段路上所见，真是大开眼界。用红色泥土修筑的城墙看来维护得很好。目睹那些有射孔的工事，我们似乎回到了中世纪。穿过三座拱门，才来到"尚大人"的"司令部"。这衙门的规模不大，并且被高墙环围。嘉峪关内城很小，房屋破旧得令人心酸。不过住进守备衙门倒是挺舒服的。

在嘉峪关守备衙门，斯坦因享用了一顿"洁净的美食"。更让他吃惊的是进餐前，主人给他提供了澡盆、热水、毛巾和肥皂。关于这一天得到的礼遇，他写道："在中华帝国西大门所在的地方，我不可能得到比这里更热情的欢迎了。"

次日清早，斯坦因开始考察嘉峪关关城的内部。他写道：

在我登上"大城楼"之前，太阳已经高高升起。"大城楼"（即嘉峪关城楼）在西门，从那里我能清楚地眺望四方。从"大城楼"第二层远远望去，相当破败的防御土墙尽收眼底。墩台一座连着一座，一直延伸到荒原的深处。

1971年，在那个"文学为革命服务"的时代，嘉峪关文联主席王金受命讲授诗歌创作。开课的地点是嘉峪关关城内一个相当古怪的地方，具体地说，是在1907年柔远楼老照片（见第90页）中间靠左那个低矮的营房里。他日复一日与嘉峪关密切接触，生活因此而发生了改变。他渴望有朝一日走完长城全线，从而目睹长城的全貌。

11年后，他把生活必需品放进自行车篮子里，从山海关出发，骑自行车西去，直到嘉峪关。从此，他用相机记录整个西北地区的长城，并且出版了许多表现长城的艺术摄影集，其中一幅悬挂在北京人民大会堂甘肃厅。此外，他获得了"西北王"的美称。

嘉峪关关城 斯坦因摄于1907年

嘉峪关关城 威廉·林赛摄于2004年

看到嘉峪关的老照片，王金说柔远楼，也就是1907年斯坦因登高拍照的那座城楼，早在20世纪30年代回民起义中被焚毁。审视老照片，观察嘉峪关四周，他指出整个原始景观已经被林立的烟囱破坏。他认为，离嘉峪关城墙最近的那个烟囱，也就是水泥厂的烟囱应当拆除，因为若干年后还可能有人前来拍照。

万里长城 百年回望　从玉门关到老龙头

嘉峪关文联主席王金回忆20世纪70年代在嘉峪关柔远楼的情景

嘉峪关柔远楼　斯坦因摄于1907年

嘉峪关

嘉峪关柔远楼 威廉·林赛摄于2004年

嘉峪关城楼与天下雄关碑记

1908年盖尔拍摄的这幅照片十分珍贵,它让我们看到了当时嘉峪关城门的近景。从照片上看,城楼的门窗似乎年久失修。然而到了20世纪30年代,整座城楼遭到了灭顶之灾。

盖尔穿过城楼下面的牌坊,拍摄了这座三层高的城楼。他写道:"在我这个疲惫不堪的旅行者眼中,这座城楼非常美丽。过去几个星期中,我不得不在景色单调的茫茫沙漠中持续跋涉。"大约100米以外邮路旁的戈壁滩里,一块镶嵌在砖墙上的石碑引起了他的注意。他写道:"此刻尘暴突起,四周混沌一片。尽管如此,我们立即过去把碑文抄下来,并且试图予以解读。"

石碑上雕着"天下雄关"四个字,其他字迹是路人刻在碑上的留言,他们中有商人、朝圣者,甚至还有土匪。留言中有一首诗(从盖尔的老照片上能看见,大体位置是第二个汉字的左下方和右下方),大意是:这古老的关隘是分界线,分界线一边是鲜花怒放,一边是荆棘遍地。无论是春天的温暖还是秋天的肃杀,都要达到这蛮荒之地。在我享受和平的时候,但愿这关口像泰山那样坚不可摧。

重访嘉峪关,这时它的城楼已在1984年重建。为了防止现在人们涂鸦,石碑被挪到城里——不过要说明,现代社会人们的涂鸦,就文采而言,怕是比古人差远了。

嘉峪关旁,正在等待游客的拉骆驼者问道:"这照片是多少年前拍摄的?"

嘉峪关城楼 威廉·盖尔摄于1908年

嘉峪关城楼 威廉·林赛摄于2004年

万里长城 百年回望 从玉门关到老龙头

天下雄关碑记 威廉·盖尔摄于1908年

天下雄关碑记 威廉·林赛摄于2004年

嘉峪关西门外的石碑（复制）威廉•林赛拍摄

嘉峪关东门

这些显示嘉峪关东门内外景的照片,都是盖尔于1908年拍摄的。东门位于嘉峪关外城墙的东部。古时候,这是西去旅客进城必须经过的第一座城门,也是进入该城防御体系的唯一通道。

这里修建了一个巨大的建筑物,因此我们无法找到盖尔当年拍摄东门的确切地点。然而,我们发现东门正前方的影壁不见了。在大门正前修建影壁是为了挡鬼——旧时的中国人相信,鬼魂只走直路,不会拐弯。原先是影壁的地方现在挂了一个小牌子,说明这里已被联合国教科文组织确定为世界遗产。再仔细看,远处夯土墩台右下方的五座正方形烟墩也不见了。这个墩台右边的墙就是所谓"暗壁"。

与老照片对比,我发现东门内多出了一些既不是现代也不是古代的实用建筑物。在一个寒冷的早晨重摄时,正好有一小队解放军士兵来这里参观。这个城门以及通往城门的路现在是游客进城的主要通道。

嘉峪关东门外景　威廉·盖尔摄于1908年

嘉峪关东门外景　威廉·林赛摄于2004年

嘉峪关东门内景 威廉·盖尔摄于1908年

嘉峪关东门内景 威廉·林赛摄于2004年

山丹水泥厂东南的夯土长城

从这幅我在1987年拍摄的照片上，可以看到从山丹水泥厂到长城口的戈壁滩上有一段夯土长城。而现在，这段长城已经被道路切断。

甘肃省山丹县位于河西走廊腹地，这里有一段保存最为完好的明代夯土长城。山丹县的明长城原先有90公里，保存至今的有80公里，几乎是连续不断地从山丹县城蜿蜒至老君镇，成为当地一个引人注目的景观。这里的长城平均高出平地4米，一些保存较好的长城建筑物高达七八米。

重访此地，发现农民在紧靠长城地方新造了耕地，并且在它上面种植小麦。这些耕地，主要分布在边远荒无人烟的地方。有这样一种肤浅的认识：造地种庄稼不仅能使农民得到实惠，而且间接保护了长城，使之免遭风沙和流沙的侵害。

然而，经过调查，人们发现事实并非如此。要想在荒地上种庄稼，就要从别的地方运土造地，从而使新造土地有足够的肥力。为了确保灌溉，人们还得打井并抽取地下水。盛夏时节，我们再次考察了这个地方，发现在紧靠长城的地方不少农田涝了，有些地块甚至出现了积水。来自农田的灌溉用水不仅浸透了长城下面的土地，而且打湿了长城的下半部，这就对长城的整体稳固性构成了威胁。此外，造地种庄稼还改变了当地的生态环境。它吸引老鼠前来"安家落户"。由于食物丰盛，这些啮齿动物得以加快繁衍后代。它们不仅在农田里打洞，而且破坏本已脆弱的长城墙体。这一切，进一步破坏了长城的稳固性。

在山丹县，大段大段的长城正在遭到地面积水侵蚀，形势非常严峻。
2005年 威廉•林赛拍摄

在试图找到别的办法帮助农民脱贫的同时，山丹长城博物馆馆长韩建成对长城保护工作中遇到的种种难题感到沮丧。他说："这么着浸泡下去，用不了几年长城就得全部崩塌。"

嘉峪关

甘肃山丹的夯土长城 威廉•林赛摄于1987年

甘肃山丹的夯土长城 威廉•林赛摄于2005年

穿过山丹长城的312高速国道

新河驿长城口在甘肃省山丹县城以南20公里处。人们无须凭借几十年或近百年前拍摄的老照片来判断它的价值。这里发生的变化实在太快、太大，因此最近一二十年我拍摄的照片（其中最"老"的照片是1987年4月拍摄的），就足以说明问题了。

十八年前我拍摄过312国道。18年后，我发现这条6车道的高速公路把这里的夯土长城撕开了一个大口子。公路两旁有不少为过往司机服务的饭店、旅馆。公路上的卡车几乎无不超载，日复一日地在长城近处隆隆奔驰，所产生的震动动摇了脆弱的长城基础。必须说明，就在这条公路两旁，耸立着山丹县境内几座最高的长城墩台。

312国道东起兰州，西至乌鲁木齐。为了落实中央政府开发大西北的决策，使相对落后中国腹地与相对繁荣的东部地区同步发展，这条公路正在向西延长，其中一段新路将在嘉峪关与长城相交。幸运的是这段路将从长城下面挖隧道穿过，而不是横穿长城。

穿过山丹长城的312国道 威廉•林赛摄于1987年

嘉峪关

穿过山丹长城的312高速国道 威廉•林赛摄于2005年

陕北地区

陕北
- 镇北台（榆林）
- 玄路塔（神木）
- 沙漠中的长城
- 榆林以北的碉楼
- 十八墩

陕西省安边附近的五里墩（李少白摄供）
大块砖面从烽火台墙面脱落，如果保护工作跟不上，那么整个烽火台早晚会崩塌

自然主义者兼插图画家亚瑟·索尔比1908年创作的水彩画《棕色的长蛇和长着蟾蜍头的蜥蜴》，画面上有类似长城的图形。

我们在陕北重摄的长城建筑物，主要分布在黄河河套地区内的鄂尔多斯沙漠南缘，明长城的核心部分。

我们重摄的长城从西向东穿过9个省区，陕西是第三个。如果把渤海的老龙头比作这条长龙的头部，那么甘肃境内的嘉峪关便是龙尾。如此说来，陕西境内的长城便是这长龙的心脏了。

早期修建的长城防御体系，包括长城以南地区纵横的沟壑。这些沟壑不仅构成了当时人们的心理边界，而且在每年一定的时候还会发挥阻滞来犯之敌的作用。公元前300年建造的赵长城位于黄河以北，秦朝统一中国后被纳入秦长城体系。秦长城建造于公元前214年前后。河套地区北部、秦长城以南，是广袤的毛乌素沙漠。

毛乌素沙漠一半是戈壁滩，一半是沙丘林立的沙海。穿过这片不毛之地就是可供耕作的土地。从地理学角度看，鄂尔多斯沙漠是中国北方广大沙荒地带的延伸，它把中国北部边疆地区一分为二。为了牢固控制边境地区，古时候的中国人认为必须在农耕、游牧地区的自然边界之外建立"前置防御体系"，即前哨军事基地。中国历朝历代统治者都鼓励人们到这里落户，但是响应的人不多——在这里种地的确困难，还得提防游牧民族侵扰。

然而，在明朝，这种观念发生了变化，人们开始在鄂尔多斯以南而不是以北修建长城。明朝实行所谓"以夷制夷"的政策，游牧民族在贸易中享受优惠，他们因此而向中央政府靠拢。此时，这些游牧民族成了河套以南沙荒地带的主要居民。出于战略需要，明朝政府开始在今天陕西省北部地区修建土长城，由此逐渐形成了与原有长城并立的另一个边防体系。这个地区的指挥部门离边界很近，设在土长城以南的延安与绥德之间。为了确保边境安宁，当时修了两道土长城。这就是说，那个时候的陕西境内的1000公里长城，主要是明长城。

从建筑材料看，这部分长城算是"复合型建筑物"。中国西部的长城主要是夯土长城，东部地区的长城主要是砖石结构，而中部长城则两者兼而有之——长城的墙体是夯土，而烽火台等设施则用石块和砖建成。

1907年，威廉·盖尔考察了鄂尔多斯沙漠中的长城，并且拍摄了为数不多的照片。然而，他拍摄过的地点如今却无法找到。幸运的是我们找到了1908年冬季罗伯特·斯特林·克拉克和亚瑟·索尔比拍摄的地方，并在那里成功地进行了重摄。1914年，美国地质学家弗雷德里克·克拉普路过陕西时也拍摄了那里的长城。克拉普拍摄的地点，也被我们找到了。

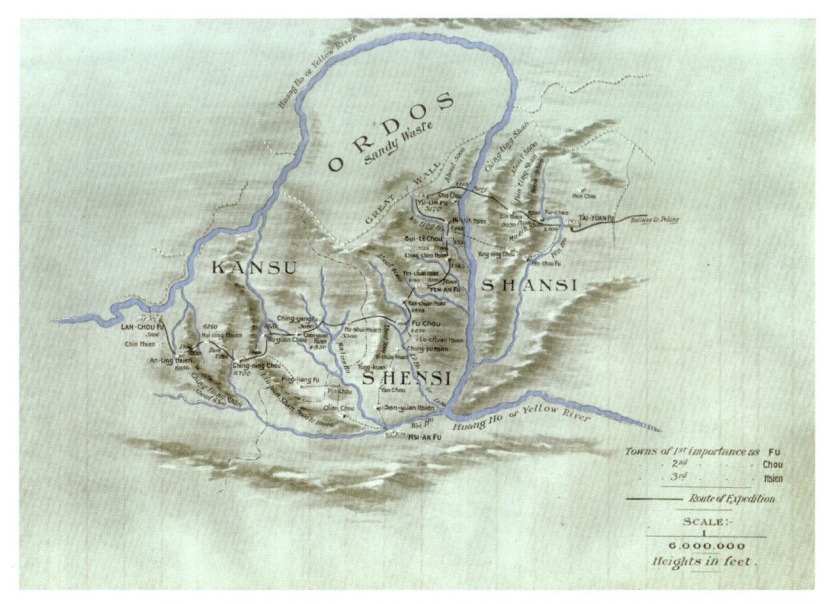

1908-1909年克拉克、索尔比在从太原至兰州进行考察时使用过的地图

罗伯特·斯特林·克拉克和亚瑟·索尔比的陕北长城探险

罗伯特·斯特林·克拉克（1877-1956年）对自然历史的兴趣极其浓厚，1908至1909年，他组织了一次在华北中部地区以收集动物标本为主要内容的科学考察。自然科学家兼插图画画家亚瑟·索尔比（1855-1954）应邀参加了这次考察。

克拉克与索尔比共同领导了这个规模庞大的考察项目，考察队有36名成员，包括经历各不相同的七名外国人。在纽约出生的克拉克以美国军官的身份来到中国。而索尔比在中国出生长大，其父是一位居住在山西太原的传教士。

随着时间的推移，克拉克对中国的兴趣越来越浓厚。他特别想去那些鲜为人知的地方探险。由于家庭富有，他有足够的财力实现这一梦想。索尔比不仅是地质学者，而且是个中国通。他来自英格兰西北部坎布里安城，他的家庭连续几代出了名声显赫的科学家、艺术家，出身于书香门第的他既是优秀的画家又是学风严谨的科学家。

1908年9月28日，考察队从太原出发，两个月后到达长城脚下的榆林。一支由57匹马和骡子组成的运输队随行，它们驮着测绘设备，天文、气象观测仪器以及用于动物标本采集和摄影的设备，当然还有食物、帐篷等等。克拉克写道：

亚瑟·索尔比马上留影（1908年摄于山西太原）

陕北地区

亚瑟·索尔比创作的水彩画《鄂尔多斯的落日》

在榆林以北大约三英里的长城脚下，耸立着一座原先用于拱卫此地的巨大烽火台，通往鄂尔多斯的主要道路从这里穿过。烽火台高约90英尺，有三层，都是坚实的石板铺地，第一层的面积大约30平方英尺，第二层略小，顶层更小一些。烽火台的四周是围墙。

纵目远眺，无边无垠的沙漠尽收眼底，从北向南，座座沙丘接连不断，直至地平线。这里的长城是一个又一个低矮的土墩，它们连成一条线，从鄂尔多斯蜿蜒至（陕西）神木，构成了中国北部边界；沿线每隔大约300英尺就有一座烽火台，因此这里的土长城的走向非常清晰。有些烽火台至今十分完好，令人赞叹不已。

克拉克是站在镇北台上观察这座烽火台的，而索尔比用水彩画给我们留下了镇北台当年的形象。这幅画，成了我们重摄镇北台的依据，也是整个长城重摄项目中使用的唯一的美术作品。在这次考察中，克拉克和索尔比还用相机把镇北台到鄂尔多斯的长城原貌记录下来。1912年，克拉克所著《克拉克在中国陕甘地区的探险》一书在伦敦出版，在收入书中一幅照片的说明中，他提请读者注意沙漠日益扩大这个问题。

弗雷德里克·克拉普的陕北长城探险

弗雷德里克·克拉普（1879-1944年）是一位专业地质工作者，1902至1908年受雇于美国地质勘探局。除了这些，人们对他的生平几乎一无所知。1914年初，他乘船来到位于山海关附近濒临渤海的秦皇岛。他在秦皇岛弃船登岸，开始在华北广大地区旅行。

克拉普此次中国之行，主要是为了调查华北地质，确定能否找到石油储藏，并不是专门为了拍摄长城。然而，每到一处他都要摄影留念；漫长的旅途中他经常与长城相遇，于是他造访了大段大段的长城，最西面到过宁夏府（银川）。此外，他利用自己掌握的地图学知识并参考已有的地图，特地绘制了显示长城路线和长度的地图，将之用做《中国万里长城面面观》一文的附图。1920年，该文（摘要见后）发表在纽约地理学会主办的《地理研究》杂志上。原图长达1米，以1：2,000,000的比例把长城标成一条连续不断的长线。不过他在文章中强调指出："长城并非连续不断，许多地方的长城已经沦为废墟，而且未经测量。"根据他的估算，长城的长度为3930英里（6288公里）。这实际上是明长城的长度与斯坦因考察过的一段汉长城的长度相加的数字。

克拉普的文章表明有4个人与他同行，包括美国地质学家迈伦·富勒（Myron Fuller），另有一位居住在中国的外国人，名叫肯尼斯·麦克考埃（Kenneth Mckoy），其他两位是中国人吴先生和侯先生。

1914年2月17日，以克拉普为首的这个小小的考察组不顾严寒从山海关出发，四个月以后到达陕北。

弗雷德里克·克拉普像（1915年，35岁）

在神木县跋涉3天后，我们在6月17日终于首次见到了一堵长墙。在所有的地图上，这长墙都被标志为"长城"。然而，在神木县，人们说这不是长城，而是400年前才修建的"第一堵边境防卫墙"。要看真正的长城，我们还得继续往北走，他们还说，"第二堵边境防卫墙"距神木大约30英里。

在神木县，我们沿着"边境防卫墙"走了3天，直到榆林府。这墙是用夯土筑成的。我们抄小路走，这条路线据说除我们外还没有外国人走过。我们走过的地方大部分是流沙滚滚的荒野，实际上是海拔5000英尺的沙漠。沿途我们见到不少庙宇、烽火台以及长城的遗迹，说明这个地方曾经是战略要地。一天，我们来到了长乐堡，这座城镇几乎被沙掩埋——要进城，就得从沙堆爬到城墙上。

沙漠对长城的破坏，看来让克拉普揪心。他写道：

有一个长城未能阻挡的敌人，那就是戈壁沙漠的滚滚流沙。在风力和当地自然条件双重作用下，流沙年复一年一英里一英里地向南蚕食。那么有没有办法应对这一挑战呢？我认为有。应当建造一条新的长城，不是用砖石建造一条有士兵守卫的长城，而是让林业专家建造防护林体系。沿着中国北部边界线建造一条一英里宽的防护林带也许就足够了。至少在神木，我的设想应当可行。

我们先后重摄了7个地区的长城，都获得了成功。不过要说明，重摄陕北长城的任务最为艰巨。首先是因为沙漠中的自然景观极不稳定，说变就变。另外，从老照片的背景中很难找到参照物。

原打算在陕北15个地点重摄，却只找到了其中5个，用了整整12天才完成了重摄任务。不过这时间用得值。当然，更多的信息可能埋藏在我们没找到的老照片拍摄地——我们没找到这些地方，因为它们已经不存在了。在长城的"心脏"地区，我们发现了若干与沙漠环境密切相关的地点，并将之纳入我们的长城研究计划，其重要意义，应当是不言自明。

陕西榆林镇北台

镇北台是明长城沿线最大的烽火台。这幅精美的镇北台水彩画是索尔比1908年创作的，展示当年镇北台形象的作品中，只有这一幅仅存。

镇北台是明长城防御体系的一部分，但是，它的作用与明长城沿线那些较小的敌台有区别。较小的敌台主要用于传递军事信息，而镇北台则不同，它主要用于保卫每年都要举行的"茶马交易市场"。"茶马交易"始于万历后期，为了安抚居住在鄂尔多斯的游牧民族，朝廷允许他们开展边境贸易。

镇北台是万历35年（1607年）按照延绥守备的命令建设的，从开工到建成用了3个月时间。

我到这里重摄的时候，发现镇北台已经修缮。据原榆林县文化委员会主任康兰英女士介绍，上世纪90年代后期，镇北台由当地一位富有的房地产开发商出资修缮。她说，早在20世纪初期，镇北台的墙砖就开始剥落了，这在索尔比创作的展示镇北台内部和夯土长城的水彩画上有所表现。国家文物局和陕西省文物局多次拨款对镇北台进行"抢救性维修"。这次大规修缮的方案，是陕西省文物局组织专家反复实地考察才确定的，其间他们走访了对地方史有研究的老者和其他知情者，搜集了有关资料，并对收集的信息进行了严密的考证，考察成果经省市文物管理部门验收。2002年底前康兰英主持榆林县文管会工作，因此见证了镇北台的维修工程。

陕西榆林镇北台　威廉·林赛摄于2005年

陕西榆林镇北台 英国插图画家索比尔画于1908年

陕西神木县高家堡镇 "玄路塔"

寻找"玄路塔",好比中国人说的"大海捞针"。明知找到的希望不大,我还得努力寻找。如果找不到,长城心脏部位的重摄就会缺失一大块。

这里所说的"大海",指茫茫无际的鄂尔多斯沙海。曾经在1914年穿过这片沙漠的美国地质学家弗雷德里克·克拉普,自称是"在这些尘土飞扬的路上旅行的第一个现代外国人"。

按照通常的工作方式,我走进村庄,找老年人打听。

"美国人拍的?"一位60岁的老教师问道,"近100年前拍的?"我们要找的地方他也不清楚:"说不准在哪儿,……没准儿早就没了。等等,也许就在附近……去瞧瞧再说吧!大老远来的,不瞧瞧也可惜。"

一连三天,我时而在尘土飞扬的路上跋涉,时而登上山丘,时而走进村庄,问了不知多少人都没有结果。有一次坐着吱吱歪歪的牛车过河,差点儿连同两台贵重的相机(Olympus和Leica)、10多个胶卷一道被甩到河水里。

看来没有希望了,我打算空手返回北京。就在这个时候,遇到了陕北人李生程。

李生程出生在长城脚下的安边,1992年,他步行108天考察了全部陕西长城,从府谷到盐池走了整整900公里,考察了沿途1115处长

2005年7月,李生程带领我们寻找老照片拍摄的地方

村里的老人给我们指路

城烽火台遗址,每一处他都拍照、编号。他对我说:"让我们查查看。"几天后,他打来电话说:"玄路塔是194号。"

于是我和李生程一道赶到玄路塔所在的神木县高家堡镇。然而,到了那里我们还得耐心等待。时值7月,天气潮湿,天空老是阴沉沉的,得等到云开雾散才能拍照。

新照片显示,老照片上的玄路塔已经崩塌,老照片上的前景现在修了一条路。不过新旧照片上都有天边的两座烽火台,证明玄路塔就是这个地方。

陕北地区

陕西神木县高家堡镇的"玄路塔" 克拉普摄于1914年

陕西神木县高家堡镇的"玄路塔" 威廉·林赛摄于2005年

被风沙侵蚀的榆林长城 克拉克摄于1908年

被风沙侵蚀的榆林长城

重摄这张老照片的经历让我记忆犹新。第一次重摄的时候,我有百分之九十九的把握肯定这里就是老照片拍摄的地方。这里的一切都与老照片的画面相符——背景、长城蜿蜒的路线、残留的烽火台,还有前景中的那座大烽火台,所有这一切,都与眼前所见相符。

然而,有一点无法解释:右面最近的敌楼下面有独立的砖石结构。我对此无法做出可信的解释;问了不少专家,他们也是茫然。

两个月后,我接到李生程的电话,说我找错了地方,还说他知道1908年克拉克和索尔比考察陕北长城期间在哪里拍摄了这幅照片。

这让我感到惊异:两个人可以长得一模一样,难道长城也能"孪生"?长城的"孪生"现象,表明长城规模巨大,建筑风格虽然多种多样,像人那样,有时会有一模一样的两段长城。

不过,李生程所说的那个地方是不是老照片拍摄的地方呢?后来从李生程寄给我的照片上看,这次的地点是找对了。

仔细审视老照片的背景,我们发现被风吹来的黄沙堆积在第二、第三座烽火台之间,右面的黄土高原像是被刀切割。第一座烽火台左边是一条又深又长的山沟,在摄影师和第二座烽火台之间还有一条沟。老照片上的这些地形特征,与新照片的画面完全相符。

这三座烽火台损毁严重,内墙砖已脱落,然而它们的相对位置

被风沙侵蚀的榆林长城 威廉·林赛摄于2005年(和左图很像,但不是同一地点)

被风沙侵蚀的榆林长城 李生程摄于2006年

以及第一座烽火台旁的围墙并没有变化,与老照片的画面相符。老照片是在11月拍摄的,而新照片拍摄于6月,因此新照片上的植被比老照片茂密。新照片上有一条土路横穿画面,好几个地方能看见输电线和电线杆。

榆林北面的两座长城敌楼

这幅老照片也是克拉克和索尔比在考察陕北长城期间拍摄的，画面上有两座长城烽火台，周围是沙丘和灌木丛。第一座烽火台旁有个牵马的人。这座烽火台的边角有破损，可能是底部遭风蚀造成的。由于风蚀，烽火台的基石已经崩塌，墙面砖也已经剥落。

我在搜寻老照片拍摄地点时发现了这个地方，认为老照片可能是在这里拍摄的。这里距前一个拍摄地点仅仅2公里，从给养供应的角度说，它可能在早期长城探险者走过的路上。如果老照片是在这里拍的，那么在新照片上我们能看到，老照片上的第一座烽火台已经崩塌，只剩下了基础，剩下的墩台成了向第二座烽火台前进的路标，第二座烽火台泥抹的内壁仍在。老照片中的烽火台看上去窄些、高些，而重摄照片上的烽火台矮些、宽些。这可能是由于烽火台顶部长期遭风吹雨打有所破损，导致烽火台整体有所改观。另外，老照片上那个牵马人的右面正对镜头的地方相对平坦。出现在新照片前景中的这块面地如今长了一些低矮的树。

榆林北面的两座烽火台　李生程摄于2006年

右页图：榆林北面的两座烽火台　克拉克摄于1908年

嘉峪关

边墙的烽火台 —— 十八墩

老照片拍摄于1914年,出自弗雷德里克·克拉普之手,原说明是"边墙的烽火台"。这段长城,构成了内蒙古与陕西省的分界线。这幅照片是在榆林府附近的长乐堡拍摄的。随着鄂尔多斯沙漠不断扩展,它正面临着被掩埋的命运。

仔细看,我们能发现画面上有8座烽火台,大约每隔100米就有一座,它们排成长长一串,消失在尘土飞扬、阴沉沉的天际。

边墙的烽火台——十八墩 克拉普摄于1914年

陕北地区

此处沙丘林立，90年来天天风沙吹打，使老照片拍摄地点难以确认。幸亏老照片有详细的说明，无论准确与否，都让我们感到应当有一条通往这个地方的捷径。李生程坚信老照片是在长乐堡拍摄的，更准确地说是在长乐堡城墙上或城墙边拍摄的。于是我们立即从榆林驱车去了40公里以外的长乐堡。

我们向着长乐堡残存的城墙进发，发现周围景观的轮廓与老照片相符。植被的变化改变了这里的地形。"边墙"的原貌大体仍在，但是8座烽火台如今只剩下两座，即第二座和第六或第七座。

边墙的烽火台——十八墩　威廉·林赛摄于2005年

河北涞源地区

河北涞源
- 插箭岭城门
- 插箭岭
- "三炮楼"
- 杨家庄
- "壮美长城"
- 唐子沟（两组）

涞源县境内的长城敌楼保存完好，没有遭到战争的破坏

河北省涞源县

涞源县一处战略地位相对次要的长城 威廉·林赛拍摄

河北省涞源县位于北京西南大约150公里处，我们在涞源重摄的长城在长城环线南面构成了一个弧形，是为了给北京提供双重防卫而修建的内长城。这里的长城修建在把河北、山西从南向北隔开的太行山上。挫败敌人从防守薄弱的山西高原北部侵入华北平原，进而威胁中国首都——这就是设计此处长城路线时遵循的战略思路。

涞源县境内的长城，在紫荆关以西。1209年，成吉思汗（1162-1227年）麾下的骑兵发起了征服华北的战争，紫荆关一带是必争的战略要地。战争进行了整整70年，直到成吉思汗的孙子忽必烈（1279-1294年）在1279年推翻了南宋（1127-1279年）。1209年，蒙古军队突然进攻紫荆关，打响了消灭金朝的战争。金朝（1150-1234年）的首都在今天的北京，当时叫做"中都"。

为了防止历史重演，明朝在修建外长城之后开始大规模地修建内长城。涞源县长城的建筑质量参差不齐，有些地方的长城是用石头垒起来的，其中有些石头未经打凿，总地说来建筑质量较低。但是敌楼的建筑质量相当高。这些敌楼沿长城分布，彼此呼应，为夺取战争胜利创造了有利条件。

然而，涞源一带经历的战争并不都是发生在明朝，而是在20世纪30年代后期。日本军队占领中国东北后南侵，企图攻占北京。1936年国共合作以后的八路军在太行山的长城上奋起抵抗。

在这样的历史背景下，八路军战地摄影记者沙飞被派往涞源拍

河北涞源地区

在涞源县一座敌楼顶层发现的凤凰形守护神像
威廉·林赛拍摄

建筑质量较低的长城墙体用打磨粗糙的石块砌就，灰浆或泥浆灌缝 威廉·林赛拍摄

摄战友们的作战行动。比沙飞还早30年的威廉·盖尔曾经路过涞源，并且在涞源拍摄了不少照片，可惜现在能找到的不多。沙飞和威廉·盖尔的照片，为我们留下了独一无二的图像资料，使我们能够看到河北群山中万里长城的当年雄姿。

沙飞——中国长城摄影的先驱

知道司徒传的中国人恐怕不多,然而许多中国人都知道司徒传的另一个名字沙飞(1912-1950年),都知道在抗日战争初期的1937至1938年,摄影记者沙飞拍摄了许多表现中国军民长城抗战的传世照片。

沙飞短暂的一生曾经辉煌,却以悲剧结束。1912年5月5日,即辛亥革命推翻清朝后仅7个月,他出生在广州一个商人家庭。沙飞高小毕业后,考入不收学费的公立广东省无线电学校,1926年毕业后,年仅14岁的他参加了北伐军。北伐战争是国共两党合作发起的,沙飞在北伐军中任报务员。那时中国北方军阀割据,民不聊生,每个军阀背后都有帝国主义列强支持。

北伐战争取得了部分胜利。但是1927年,北伐军总司令蒋介石大肆屠杀共产党人和共产党的支持者,导致国共联盟土崩瓦解。共产党被迫打响了武装起义的第一枪,中国从此陷入长达22年的内战,只是在抗日战争期间,这内战才得以暂时停息。

1933年,司徒传结婚,夫妇俩在苏州、杭州度过了蜜月。充满诗意的水城苏州、杭州向有"人间天堂"的美誉,在那里,司徒传创作了他一生中最早也是喜庆气氛最浓重的摄影作品。然而,后来他却去了上海。1936年10月8日,中国革命文学的旗手鲁迅在一次木刻作品展览会上会见一批30年代年轻的左翼艺术家,他们的作品都以中国劳苦大众的苦难为主题。司徒传用相机把鲁迅与这些艺术家

沙飞像(1937年)

交谈的场景记录下来。这幅照片成了不朽之作，而他本人也从此确定了今后作为摄影记者的人生道路。

1937年，司徒传用沙飞的名字参加了共产党领导的八路军，在聂荣臻将军麾下开始了摄影记者的生涯。当时聂将军的部队控制了山西、河北之间的太行山。沙飞的早期作品集中揭露日本人的暴行——赤身裸体并且被捆绑的受害者被侵略军杀害，被日军焚烧后仍在冒着浓烟的村庄，在战火中苟活的农民等等。凡是观看这些照片的人，都对日本侵略者的暴行义愤填膺。这些照片告诉文明世界，在东方，为了独霸亚洲，一个像希特勒德国那样的恶魔正在与人类文明作战。

参加八路军的同一年，沙飞受命执行一项具有双重意图的报道任务。首先是在国家存亡的紧急关头激发中国人民的民族自豪感。当时日本人散发了大量显示日军官兵在长城上摇晃太阳旗的照片，沙飞的另一个任务是向日本宣传机器发起反击。古老的长城，如今成了抗日救国的最前线，沙飞拍摄了数十幅表现八路军在长城上与日军作战的照片。

明长城是按照"居高临下"的战术思想修建的，这个战术思想，在现代战争中仍然适用。山脊上的长城上有许多俯视山坡、谷地和山谷的制高点，从那里往下观察，进军中的敌人可以一览无余。这无论是对付古代还是现代的敌军，这一点都非常重要。古老长城上的敌楼在这场现代战争中也发挥了作用，中国军队把敌楼用做营房、军火库，还在敌楼里设置机枪阵地。

对于自己拍摄的画面，沙飞显然进行了精心设计。从他的照片上，我们看到在驻守在万里长城上的中国士兵在用机枪扫射敌人，正在行军的部队穿过长城脚下的一个村庄；我们还能看到军官向士兵们进行战前动员；高高的敌楼上，官兵们高举手中的枪，挥动旗帜，忘情地欢呼胜利。沙飞用构图专家的眼光选取画面，他的作品既反映了中华民族不屈的战斗精神，又再现了万里长城的雄姿。他拍摄的地方不仅是具有战术或战略意义的前线，更重要的是，这些地方足以显示自古以来，中华民族就有抗御强敌勇夺胜利的传统。

1937年8月17日，《广西日报》用巨大的篇幅刊登了沙飞发自抗战前线的图片报道《摄影救亡》。以后，他与20多位摄影记者一道办起了《晋察冀画报》。他坚信照片不仅能报道新闻，更能鼓舞自己的民族奋起自强。

2004年在石家庄双凤山烈士陵园揭幕的沙飞纪念铜像

沙飞的照片发表时，多数没有注明拍摄地点。战争结束了，也许是命运使然，沙飞的摄影记者生涯没有持续多久便永远停止了。那是1948年，沙飞因肺病住进了医院。长期目睹残酷战争的沙飞患了精神病，在失去自我控制的情况下，他在住院期间杀死了一名日本医生。沙飞被送上军事法庭，被错误地判决有罪。1950年3月4日那个寒风刺骨的早晨，河北省省会石家庄附近响起了一声刺耳的枪响，一个持枪的军人在向他致以庄严的军礼之后，对他扣动了手中的扳机。

50多年过去了，所有以中国革命为主题的图片展览都要展出沙飞拍摄的长城抗战照片。沙飞拍摄的照片都是摄影名作，又都历史久远。1997年，中国长城学会的严欣强、严共明父子，以及他们的朋友马俊、王盛宇和方明等人还是动身寻找它们的拍摄地点。经过两年的搜寻，他们终于确认这些照片是在三个具有关键意义的地方拍摄的：河北省涞源县浮图峪、插箭岭，以及山西省灵丘县。

获悉国际长城之友协会正在重摄长城，沙飞的女儿王雁（王雁随母姓）为我提供了一套父亲在战争期间拍摄的照片，还把知道这些照片的确切拍摄地点的人们介绍给我。多谢王雁的帮助，我重摄了这段边远地区的长城。让我伤心的是这段曾经为古代、现代中国的安全都做出过贡献的长城竟然崩塌了。须知在上世纪30年代后期，这段长城连同它的石头、砖和敌楼曾经极大地鼓舞过无数中国人。沙飞创作的长城摄影精品具有永久的生命力，为此沙飞应当被称为中国长城摄影的先驱。这些作品将艺术性与鼓动性融为一炉，表明他的祖国抵抗日本侵略的斗争决不会失败。我携带着沙飞的照片重访这段长城，深切地感受到沙飞是在通过摄影让万里长城永存。长城永存，沙飞的长城摄影作品传世，沙飞这个名字也将永存，因为这个名字与长城血肉相连。

河北涞源地区

沙飞像（1937年）

沙飞的女儿王雁与自己亲自编辑的沙飞摄影全集 威廉·林赛拍摄

插箭岭城门

1937年秋季，沙飞拍摄了这幅插箭岭照片，照片的说明是"夺取插箭岭战斗胜利的我军向前推进"。从画面上，我们看到正在行军的八路军部队穿过插箭岭村。插箭岭村位于涞源县南面长城脚下，在这个地方，长城从山谷两端陡然跃起。八路军战士身穿棉上衣，足登帆布鞋，背着背包和草帽。

照片的聚焦点是一座保存相当完好的长城敌楼，其拱门、射孔以及顶部的工事均等等清晰可见。从画面上方蜿蜒向下的长城（现代建筑物的上面）却遭到了严重破坏，很可能是村民为获取现成的建筑材料把它拆了。

我和严欣强到这里重摄，发现敌楼已被平毁，只剩下拱门。左边紧靠敌楼、绿色棚屋的后面，可以看到几乎完全用长城砖砌就的长城内墙。受自然力的破坏，附近长城建筑物已经崩塌，如今成了一堆废墟。

残留的拱门，成了这漫长岁月中长城遭到摧残的物证。其花岗岩石块上仍能见到当年用红颜料书写的"祝福毛主席万寿无疆"的标语。拱门下的遮阴处，是村里的一个屠户卖鲜猪肉的摊位。

插箭岭城门 沙飞摄于1937年

河北涞源地区

插箭岭城门 严欣强摄于2005年

插箭岭八路军指挥部

老照片是沙飞1937年拍摄的,说明是"插箭岭八路军指挥部"。画面上有六名八路军战士,其中四名站立,两名俯卧,面向山上有四座敌楼的长城。左数第二人,也就是最高大的那个人左手拿着望远镜,看来是指挥员。他和五名手持步枪或毛瑟枪的战士目光警惕,随时准备投入战斗。

关于这座敌楼的遭遇,当地流传着两种不同的说法。有人说是八路军自己把它破坏掉了。八路军曾经用过这座敌楼,后来奉命撤离,为了不让敌人使用,便把这敌楼破坏了。还有村民说这敌楼是日本人破坏的,可能是日本人自己动手干的,也可能是强迫老百姓把它破坏掉。

插箭岭八路军指挥部 沙飞摄于1937年

插箭岭 严欣强摄于2005年

三座敌楼 沙飞摄于1937年

三座敌楼

河北涞源地区

三座敌楼 严欣强摄于2005年

　　这又是一幅沙飞拍摄于1937年的老照片,它不仅再现了这座长城建筑物的雄姿,而且与沙飞的其他作品相比,更能显示作者高超的摄影技术和艺术品味。这幅照片曝光精确,光线明暗处理完美无缺,角度的选取和失真控制无可挑剔。还要说明,这副照片本身就有许多有趣之处。

　　画面左边的那座巨大的敌楼近乎完美地保存下来。由于曝光准确,我们能看到长城基石上的苔藓,甚至能区分向阳、背阴两面墙的砖。长城在画面中心位置拐了一个弯,接着爬上山。长城外侧的城堞依然完好,长城上芳草萋萋,9名战士排成单行在行军。顺着战士们前进的方向往上看,我们能看到山顶上有两座敌楼凸现在天际。

　　重访此地,我发现只有长城的墙体尚未彻底破坏,三座敌楼中有两座不见踪影,只有山颠上的那座残留了一部分。变化实在太大了,要不是长城拐的那个弯,找到这个地方将是极端困难。

杨家庄战斗中的八路军战士

这幅老照片是沙飞1938年春拍摄的,画面是浮图峪以南,杨家庄以西的长城。在沙飞拍摄的反映八路军作战的照片中,数这一幅最有名,曾经无数次被用在宣传革命的招贴画中。抗日战争胜利50周年纪念邮票也用了这幅历史照片。

画面上有三名士兵或身体前倾,或卧在地上,正在用机枪和毛瑟枪向敌人开火。背景是蜿蜒向上的长城,长城上耸立着两座保存完好的敌楼。但画面上整段长城城墙已经破损了。

重摄此地,我发现长城变化不大:两座敌楼依然雄伟,但是它们的上层遭到了某些破坏,因此敌楼内的拱结构开始受到影响。

杨家庄长城 严欣强摄于2005年

上世纪90年代,中国长城学会严欣强找到了沙飞当年拍摄长城抗战的地方

左页图:在杨家庄战斗的八路军战士 沙飞摄于1937年

"欢呼楼"

1938年春,沙飞拍摄了这幅"八路军欢呼浮图峪战斗胜利"的照片。画面上有分为两组的大约30名八路军士兵在高举枪支欢呼胜利,八路军的旗帜在敌楼上高高飘扬。

从画面上看,这座敌楼从门的上方到顶部裂了一个3米长的大口子。门上面凹下去的地方过去有写明敌楼编号或名字的匾。沙飞拍摄照片的时候,这匾已被拆除。

重访此地,我们发现整座敌楼已经崩塌,剩下的只有外墙下面的部分,还有一面内墙和残存的门窗。当年八路军战士欢呼胜利的地方,如今成了一堆残垣断壁。敌楼的后面出现了两座新建的输电塔。

河北涞源地区

"欢呼楼" 沙飞摄于1937年

"欢呼楼" 严欣强摄于2005年

"壮美的长城关隘"

这幅老照片是1907年威廉•埃德加•盖尔从北京去五台山的路上拍摄的。五台山在山西北部，是中国佛教五大名山之一。

威廉•盖尔十分欣赏这段长城，如我在引言中叙述的那样，他说它是"无比壮美的万历皇帝长城"。此地景色使他着迷，因此他特地把这幅照片用做《中国长城》一书精装版的压花封面。该书限量发行，其中一部分被威廉•盖尔赠送给友人。他说，"壮美的长城关隘"美不胜收，无论是这照片还是自己的描述都无法形容其万一。

他不无遗憾地写道："让我们着迷的不仅有这静止的风景，还有迅疾变幻的云影和光线。太阳穿过云层照射群山，此时此刻，蜿蜒的长城像是彩链，座座敌楼像是这彩链上的珍珠。此景之美，言辞难以形容。我们只用一个小时的短暂时间拍摄的这仙境，当然无法充分表现它不断变幻的壮美。"

新的照片显示，威廉•盖尔走后，"壮美的长城关隘"发生了不那么"壮美"的变化。如果把这段长城比做王冠的话，那么这"王冠"上的"珍珠"现在全都不见了，只留下了基础。威廉•盖尔走后30年，沙飞重摄了这段长城。对比两幅照片，我们不难看出为什么前后两位摄影艺术家选取了同一个画面。

"壮美的长城关隘" 威廉•林赛摄于2005年

"壮美的长城关隘" 威廉·盖尔摄于1907年

万里长城 百年回望 从玉门关到老龙头

插箭岭上的几棵松树

河北涞源地区

插箭岭上的几棵松树已经被砍光了 威廉·林赛摄于2005年

这幅老照片是威廉·盖尔1907年拍摄的,距离前一幅照片的拍摄地点仅40米,取自路德·牛顿·海伊斯(见第75页)拥有的一张大银幕幻灯片。这是一幅难得的明长城近景照片,从画面看,这里的长城用打凿粗糙的石块建成,插箭岭村卧在山谷中。

画面上的长城有用石头建造的垛口,主要分布在左边猛然向下的那段长城上。被围墙包围的插箭岭村位于照片背景上几棵松树的右边。山谷上方的天际边,我们能清楚地看到三座敌楼。

重摄此地,发现老照片前景中长城的垛口已经崩塌,山坡上向下的那段长城如今不见踪影。松树已被砍伐,敌楼都已平毁。

左页图:插箭岭上的几棵松树 威廉·盖尔摄于1907年

威廉·盖尔的骡队在唐子沟

这幅老照片是威廉·盖尔1907年拍摄的,画面上有4头骡子在唐子沟附近一条小河旁休息——这些可能是为威廉·盖尔驮辎重的牲口。唐子沟村在长城脚下的一条峡谷中,在北京至五台山的老路以外大约20公里。画面上还有三座敌楼,像是欢迎威廉·盖尔一行在长城的怀抱中旅行。

重访此地,我发现近100年后的今天,这三座敌楼几乎保持了原样,不过它们的上层有些崩塌。河对面新铺了一条碎石路,一座单拱桥把两岸联结起来。

威廉·盖尔的骡队在唐子沟 威廉.盖尔摄于1907年

河北涞源地区

唐子沟 威廉·林赛摄于2006年

万里长城 百年回望 从玉门关到老龙头

唐子沟敌楼上的怪兽面目拱顶石 威廉·林赛摄于2004年

唐子沟敌楼上的"怪兽"已经不翼而飞 威廉·林赛摄于2005年

唐子沟敌楼上的怪兽面目的拱顶石

河北涞源地区

　　这新老两幅照片是我相隔仅12个月拍摄的，实际上都相当新。它们是我在寻找沙飞当年拍摄地点的过程中不经意拍下来的。地点是在浮图峪一带的长城。

　　"老"照片是2004年拍摄的，画面上敌楼入口处有巨大的拱顶石，被雕刻怪兽模样。这可能表明这座敌楼的重要性，比如说它是驻军指挥部。中国人喜欢诸如此类的怪异形象，据说它们能够辟邪。

　　一年之后，我再次来到这个地方，却吃惊地发现那块怪兽面目的拱顶石已经被人挖走了，盗贼的立脚石仍放在右边的门上，四周全是不久前才打碎的砖块。

娘子关

娘子关在北京以南，地处涞源县西南大约70公里处山西省境内，此处长城是南北走向。这幅照片拍摄于1980年，出自著名长城专家、摄影师成大林之手。

成大林是新华社摄影记者，1978年下半年，他接受了拍摄长城的特殊使命。1980年，在完成了在河南省的拍摄任务后，他在返回北京的途中造访了娘子关。自公元7世纪以来，娘子关就是军事要地，当年一位公主亲率娘子军在此处镇守，故名"娘子关"。万历二十年（1552年），娘子关长城建成，成为明长城体系的一部分。

1980年成大林首次拍摄的时候，娘子关南城门仍保存完好。这座城门用石料建成，拱顶扁上题写着"京畿藩屏"四个大字。城上有单层城楼。成大林用Linhof广角镜头把城门拍摄下来。

1995年，成大林再次来到娘子关，此行是为了完成与纪念抗日战争胜利50周年相关的拍摄任务。此时，娘子关城楼不见了，取而代之的是一座庞大的有飞檐的多层建筑物。原先砖砌的城墙外墙如今成了石头墙。目睹此景，成大林不由得又惊又气。

成大林立即把这个不伦不类的场景拍摄下来。如此"重建"娘子关，全然违背了文物修复必须修旧如旧的原则。成大林认为，娘子关的"重建"是一个负面典型，说明不规范的"重修"、"重建"会使古建筑遭到破坏。

娘子关 成大林摄于1980年

河北涞源地区

娘子关 成大林摄于1995年

北京地区

北京
- 居庸关(五组)
- 水关(一组)
- 青龙桥火车站
- 八达岭(九组)
- 慕田峪(五组)

北京怀柔区境内的长城得到了妥善维护,敌楼耸立,敌楼的拱顶石完好无损

在我们重新拍摄的七个地区中，数北京重摄的地方最多。北京地区的长城给所有游人都留下了不可磨灭的印象，对于它的壮美，就连仅能通过阅读文字描述来了解它的人也难以忘怀。

照片上、诗文中的北京地区长城，被认为是足以与欧洲、中东地区任何文化遗址媲美的奇迹，尽管欧洲、中东地区的历史丰碑是作家、诗人描述的永恒主题，而且由于距离自己比较近，欧洲人对它们更加熟悉。然而，在过去几个世纪中，对另一边世界的长城，欧洲人的了解也在缓慢地增进。万里长城首先在地图上标出，以后又出现在图画中。现在，通过欣赏图像清晰的长城照片和旅行者对亲访长城的描写，世界上无人不知中国有一座无与伦比的古建筑物——长城。长城是我们这个星球上最长、规模最宏伟的建筑物，相形之下，其他任何人类建造的东西都显得矮小。甚至在航空和宇航出现之前，就一直流传着这样一个预言：在空中，在月球上，甚至在更遥远的太空，长城是地球上唯一能被看到并且能被整体测量的建筑物。

1927年11月，在一次晚会上，来自美国的传教士路德·牛顿·海伊斯（1883-1978年）向他的听众断言："在人工建造的所有建筑物中，在火星上能用肉眼看到的唯有长城。"

美国地质学家弗雷德里克·克拉普把自己考察长城的经历和感受写成文章，发表在纽约出版的《美国地理学刊》上。他说，他和同伴"一致认为，长城是我们看到过的最壮观的地理标志物。"

亚当·沃里克对美国《国家地理》杂志的读者说，"如果要充分说明什么是不朽，什么是壮美，那么长城便是最合适的描述对象。"

历史学家威廉·马丁说过，"研究中国历史，最好登上长城。"

早期的长城探访者中，有人曾经一连几个月骑马考察长城，有人用几个星期步行考察长城，也有人只在长城上逗留几个小时，甚至只是在路过长城的时候停留几分钟随便拍几张照片。然而，无论这些老照片出自何人之手，它们定格的那些令人敬畏的瞬间将永远存留。

还可以肯定，他们全都来过南口关（这些旅行者常把八达岭误认为南口关——作者）。这是一条交通要道，北接寒冷的草原，南连较为温暖的华北平原，北接靠游牧为生的中国少数民族，南连早已定居的汉族。在八达岭，人们能清楚地看到长城像一条长龙沿着山脊蜿蜒前行，时而爬上山岳的顶峰，时而跌进深邃的山谷。这条"长龙"不顾艰难险阻持续向前，尽管是砖石身躯，看上去却非常灵活。

在明朝大部分时间中，北京是中国的首都。从1368年建立到1644年灭亡，明朝一直沿北部边界修建长城，终于建成了有重兵把守的长城防御体系。明朝以及明朝以前的各个朝代无不修长城，前后长达22个世纪。明长城的修建，乃是长城修建史的最后一章。当代地图上标出最多的是明长城。明长城不仅是防御工事体系，还是足以使人们赞叹并启发人们联想的环境艺术作品。用于修建这个防御体系的每一块石头都经过雕琢，每一块砖都是精心烧制，总之，明朝想尽一切办法防止蒙古人再次征服中原。

顺天府是明朝中国的北大门。顺天府，即今天的北京市一部分，是长城穿过的八个省级行政区中的一个。北京辖区内现存长城大约629公里，按人口平均，在这八个地区中北京地区的长城密度最高。

北京地区的长城路线不止一条。在这里,各长城干线形成了若干环线,环线之外有几十条岔线,甚至还有独立于环线和岔线的辅墙和敌楼。这一切,表明为了确保中国首都万无一失,明王朝可谓不惜一切代价。

用简单的地理术语表述,长城主线从东北方向的平谷区将军关进入北京地区,经过金山岭和司马台,在古北口西面,长城向南蜿蜒至密云水库,随后在河防口进入怀柔区境。在慕田峪西面的北京结,长城被分为南北两条线,即人们所说的内长城和外长城。外长城向西北蜿蜒进入延庆,接着进入河北。内长城向西至十三陵北面的黄花城进入居庸关,然后继续向西到达北京与河北接壤的横岭和镇边城。内长城与外长城最后在山西境内濒临黄河的偏关附近对接成一条线。

北京地区的长城全部是石头或砖石结构。全部用石头建造的长城主要分布在交通不便的高山上。这些石头大部分是就地取材的山石,这些山石经过粗粗打磨后便用于建造平滑的墙面。开头只是用石头把墙垒起来,不用灰泥抹墙缝,以后视情况予以加固。就建筑质量而言,战略要地的长城显然十分牢固,无论这些战略要地是大还是小。

在北京地区,甚至长城全线,最重要的战略要地是八达岭。八达岭被认为是北京地区乃至整个中国的咽喉要地,因此八达岭长城的建筑标准最高。

居庸关地区的长城工事纵深四层,其中最重要的是雄踞山谷顶部的八达岭和八达岭南面的居庸关。八达岭长城用巨大的花岗岩石块建成,有些石块长达2米,重约1吨。墙上是砖砌的路和敌楼。不

配备两张弓和一个箭袋的蒙古骑兵(明代绢画)

万里长城 百年回望 从玉门关到老龙头

"北京结"或"Y段"长城。威廉•林赛拍摄

到100米远就耸立着一座敌楼,一座连着一座,排列有序,看上去像是人的脊椎。敌楼上的射孔,像是值勤士兵瞪大的眼睛。这一切,清楚地表明了长城作为防御工事发挥的作用。是的,正是这些敌楼共同组成了长城的脊梁。如果没有用弓弩武装起来的士兵在这些敌楼中驻守,长城定然不能发挥其应有的作用。

长城建筑物,仅仅代表着长城的"硬件";然而,战争的胜负,最终取决于它的"软件"。八达岭以南的居庸关方圆6.5公里,是一座城墙环围的城堡。居庸关是驻军司令部所在地,城内有高级军官的宿舍和办公室,还有部队营房。这里的仓库里储存着当时最先进的武器,还有一座官兵常来祈祷的战神庙。

来自欧洲的早期旅行者,曾经对八达岭长城进行过广泛的拍摄。在被人们收藏或者市场上出售的长城老照片中,至少百分之九十八是在八达岭拍摄的。然而,高质量的八达岭老照片比较少见,多数照片要么在构图、曝光、尺寸等方面有缺陷,要么由于保存不善而破损。不过我们发现有些人在过去拍摄过的地方"不经心"或"偶然"地进行了重摄。这类照片对我们有用,因为它们显示了从19世纪60年代到20世纪40年代这80多年中八达岭长城的变化,或者说对于长城在自然和战争双重影响下的状况,这些照片乃是不可多得的物证。

除八达岭、居庸关外,我们还搜集到了少数几幅附近谷地的长城老照片。北京地区其他地方的照片,更少有人涉足。只有威廉·盖尔曾走遍北京地区的群山考察长城,并且为我们留下了慕田峪、莲花池、黄花城当年的形象。

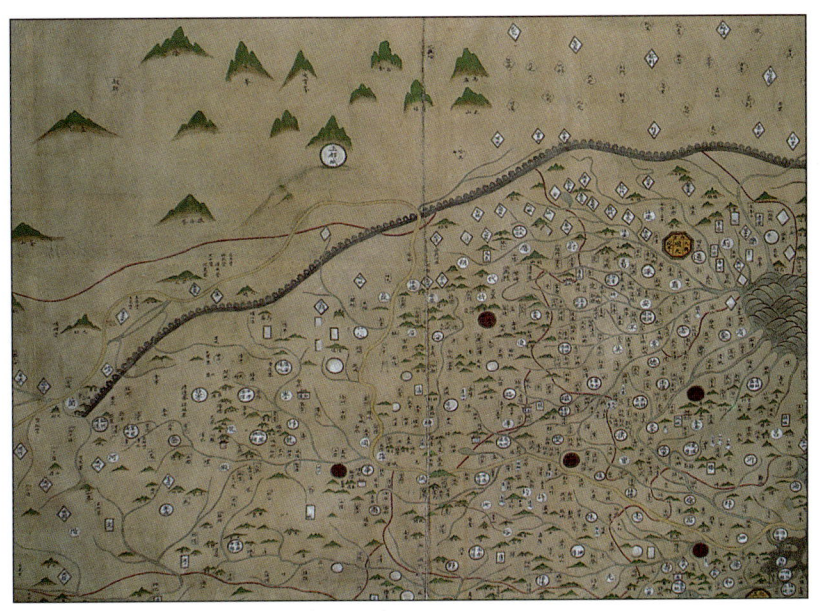

明代华北地图(复制件,原件已遗失,图上有个名叫严依奇的人留下的附言)。地图上清楚地标出了北京和南京。相形之下,距边界咫尺之遥的新国都显然难以防守

约翰·汤姆森 ——"南口关"最出色的摄影师

2004年一个阳光明媚的早晨,我从北京市区的家出发,驱车前往位于居庸关谷地的水关长城。水关在北京市区以北大约70公里处,历史上,游牧民族经常借这条长19公里的峡道入侵中原。

我随身携带着一张精美的蛋白工艺照片,拍摄于1871年。据了解这张照片是由摄影先驱之一的苏格兰人约翰·汤姆森(1837-1919)拍摄的。我到这里来,是为了重摄汤姆森当年拍摄过的水关长城,从而发现从那时到现在这段长城发生的变化。然而,在那个下午,我想得最多的却是在这漫长的岁月中,交通条件和摄影技术发生的惊人变化。

约翰·汤姆森拍摄的长城照片,见于1873年出版的《中国与中国人画集》。在这本书中,他在一幅照片的说明中扼要地介绍了他去水关使用的交通工具,即他所说的"北京骡拉轿车"。

他写道:"如果去长城以外的地方,为了方便、舒适,中国人通常乘坐这种骡拉轿车。车上有两条长长的轿杆,固定在两头骡子身体的后部。我就是乘坐这种骡拉轿车去拍摄长城的。"

约翰·汤姆森从中国返回伦敦途中留影。照片摄于1871年,汤姆森时年38岁。

"方便"也好,"舒适"也罢,反正是这"北京骡拉轿车"爬行了两天才把汤姆森送到水关长城,途中可能是在南口过夜。轿车后面的几头骡子驮着他的摄影器材,如果不用骡子,就得雇八个人用扁担抬。旅途艰辛不说,这一带还经常有土匪出没,得小心翼翼地确保这些易碎设备的安全。因此,如果把汤姆森即将进行的长城拍摄比做科研,那就可以说这"科研"的准备阶段工作就够麻烦。

而我则用数码相机拍摄了试片,一小时之后,我就回到家中,在计算机屏幕上检查拍摄效果。对于我的工作效率,汤姆森如果在世肯定会惊异万分。而汤姆森使我惊异的是他的坚忍不拔,他的耐性,还有他的科学精神和艺术素养。

约翰·汤姆森1871年拍摄的南口关(实际上是居庸关)长城

居庸关5组照片对比：

"水关"的意思是"建在溪流上的关口"。应当说"水关"二字准确地描述了水关长城的地形特点——在这段长城一处水门下面有一条小溪穿城而过。在汤姆森拍摄的水关长城照片上的确有一条小溪。在我的想象中，汤姆森应当是把体积巨大的相机放在三脚架上拍摄，也应当用溪中的清水处理胶棉湿片——这里要说明，他是胶棉湿片的主要鼓吹者之一。小河旁边应当有一座帐篷，这帐篷应当是他的便携式暗室，里面冲洗照片要用的东西应有尽有：碟子、漏斗、天平、装有化学药品的瓶子、平板玻璃等等。

约翰·汤姆森1868年借道香港进入中国，1872年从天津动身返回伦敦，在中国生活了近5年时间，最后把自己的长城探险写成一本大书。

他在书中写道："毫无疑问，我的读者和我都认为，任何一本关于中国的画册如果没有长城的照片，那就肯定名不副实"。约翰·汤姆森无疑是一位最早、最优秀的长城摄影家。

回到伦敦后，约翰·汤姆森在格罗斯威诺大街开了一家摄影工作室。作为皇家地理学会成员，他向其他学会会员提供学费，让他们在动身前去探险之前接受探险摄影的培训。他首创的旅游摄影标准很快就被居住在北京的一小批职业摄影师接受。毫无疑问，他树立的样板鼓舞了更多的摄影师在更大地域范围内拍摄远离北京的长城。

居庸关是离开北京后的第二组长城建筑物。尽管独立于长城主线，居庸关却是北京地区长城防御体系中的第一道防线。早期的长城旅游者都要路过居庸关，穿过这里的拱门。令人惊异的是他们中很少有人在这里拍摄照片。

从平面图上看，居庸关长城构成一条方圆6.5公里的环线。这个环线从谷地中突起，与耸立在长城两侧的座座敌楼和扼守谷地的居庸雄关一道构成了一道独特的风景线。过去有些摄影师喜欢拍老路经过的云台。这也难怪：云台原先是一座元朝（1271-1368年）佛塔的基础，上面有佛像浮雕，六角形走廊里的六字真言依稀可辨。

20世纪90年代早期居庸关得到重建。居庸关离八达岭不远，从20世纪50年代起其旅游资源就被开发。

北京地区

20世纪30年代初的云台，门上刻有六字真言。这幅手工着色照片的尺寸为38×27.5厘米，由北京南池子大街美丽照相馆制作

居庸关长城西南扇面

这幅老照片拍摄于1871年,拍摄者不详,画面是居庸关长城的西南扇面。照片构图精美,适于高级画册采用,表明拍摄者是一位高水平的职业摄影师。我猜想这幅老照片很可能出自约翰·汤姆森之手。

画面右手有宏伟的居庸关城楼的底部,还有西山上的长城,因此可以断定摄影师是站在老路之外大约20米的地方拍摄的。重摄此地,我发现长线依然清晰,重修长城使用的建筑材料与周围重新绿化的山峰对比鲜明。

居庸关长城西南扇面 威廉·林赛摄于2004年

左页图:居庸关长城西南扇面 约翰·汤姆森(尚待考证)的蛋白工艺照片,摄于1871年,27×20 厘米

居庸关长城东南扇面 1880年拍摄的蛋白工艺照片，27×19厘米，拍摄者不详

居庸关长城东南扇面 威廉•林赛摄于2005年

居庸关长城东南扇面

这幅老照片拍摄于1880年，拍摄者不详，画面是居庸关长城东南扇面。看来摄影师站在离老路很近的地方按下快门：画面下方有条干河，镜头对准河对面远处东山上的长城。在长城作为边防工事使用的时候，河上应当有水门。

照片拍摄的时候，居庸关长城的状况看来不错。外长城好几个地方的防御工事完好无缺，这些工事上的垛口仍在。相对而言，内长城的工事较为低矮，箭孔也比较少——其实，这正是整个长城体系的一个重要设计特点。

在此地重摄时，我发现这段长城已经重修。当年的河流，如今成了一个不大的湖，湖上有三个亭子，连接这三个亭子的栏杆清晰可见。

居庸关长城东北扇面 1880年拍摄的蛋白工艺照片，24×19厘米，拍摄者不详

居庸关长城东北扇面 威廉•林赛摄于2005年

居庸关长城东北扇面

这幅老照片拍摄于1880年，拍摄者不详，画面是居庸关长城东北扇面。照片的前景显示长城从干枯的河边向上蜿蜒至东山。

在此地重摄时，我发现这段长城也已经重修，包括老照片右下方被树木遮挡的那座敌楼。我重摄的照片显示长城在山脊上分了岔，一条向右与居庸关城墙连结，左边山脊上的墙是居庸关长城的分支。

居庸关长城西北扇面

这幅老照片是亚当·沃里克拍摄的。应美国地理学会之约,他为美国《国家地理》杂志写了一篇关于中国万里长城的文章,并配发了这幅照片。文章发表在《国家地理》杂志1923年2月号,由此可以推断,照片拍摄于1922年。

亚当·沃里克从东山北坡拍摄了这幅照片,更准确地说,他的拍摄位置在老路以东大约200米,距谷地底部约30米。这个位置非常靠近铁路。有这样一种说法恐怕不无道理:拍摄这照片时,亚当·沃里克正在从居庸关到青龙桥的火车上,他可能是停车时透过车窗拍摄了这照片,也有可能是下车拍摄。

这幅老照片的构图非常有趣,内容也相当丰富。画面下方是农民在小块土地上耕作,他们的院落凌乱地分布在居庸关长城的怀抱中。农田上方陡峭的山上有一块三角形坡地,三个顶点分别被大小不等的三座敌楼的遗址占据。谷地的底部(照片左右手最下方)有一些平台,这些平台上曾经耸立着有好几层的敌楼。从这里起,人们在陡峭的山坡上修了两条长城,这两条长城的结合点是一座有两个"眼"(窗户)的敌楼。其中一条从这里起向上蜿蜒至山顶,随后向南(向左)转弯,最后与西南方向的居庸关长城连接。

我在亚当·沃里克当年拍照的那个地点重摄了同一个场面。画面底部是从谷地和居庸关旁穿过的八达岭高速公路。三角地带左下方的敌楼已经重建。原先穿过居庸关城门的老路没有了,人们在30米之外的高处修了一条辅路。

居庸关长城西北扇面 1922年由亚当·沃里克拍摄

居庸关长城西北扇面 威廉·林赛摄于2005年

北京地区

居庸关城门 成大林摄于1979年

居庸关城门

1979年的一天，长城研究专家成大林骑自行车来到居庸关。那时，这里没有高速公路，只有一条狭窄的土路，游人也很少。

当时，成大林作为新华社记者受命拍摄北京周边长城。文化革命刚刚结束，人们越来越渴望了解被文化革命摧残的历史。在这样的背景下，成大林的使命就是把幸存的历史遗迹记录下来。他用新华社提供的 Linhof 相机拍摄了上面刻有"居庸关"三个大字的城门。以后他十几次旧地重游。90年代中期居庸关重建，作为这个项目的顾问之一，他先后数次来到现场，提供咨询。

2004年秋季，成大林带着过去拍摄的照片再次来到居庸关。他看到重建后的居庸关城门，感到十分满意，表示"居庸关城门原貌恢复得比较好"。然而，看看周围，他却显得失望，因为城内的古客栈变成了不伦不类的旅游设施。成大林现在已经退休，他发现对长城的破坏仍在继续，只不过是破坏方式不同而已。

成大林(右 成大林提供)

居庸关城门 威廉·林赛摄于2004年

水关

这幅构图十分精美的水关老照片尽管没有拍摄日期,也没有拍摄者的签名,人们普遍认为它出自约翰·汤姆森之手。尽管当时使用的胶棉湿片技术非常烦琐(他本人是这种技术的主要鼓吹者之一),在去八达岭的路上,他还是不辞辛苦,游览了几条南口谷地附近的山谷。在这老幅照片的中部,我们看到长城在山上时上时下,在西面的远处突然跌落,转向水关门。

人们经常沿长城修建水门,从而让溪流穿过关隘。照片的前景中能看到溪流。在汤姆森那个时代,拍摄后底片必须马上用大量的水冲洗,可以想象,汤姆森用这清澈的溪水冲洗底片。

在对水关长城进行个案研究时,我决定放弃在拍摄老照片的那个点上进行精确重摄的"正规"做法,而是用广角镜头显示今天水关长城的面貌。

这里有一幅用这种"非正规"手段重摄照片,极具戏剧性地显示了自汤姆森造访水关以来此地交通发生的变化。请看这幅照片的背景:通往北方的八达岭多车道高速公路从这里穿过,照片背景中还有八达岭高速公路穿越的一条隧道,此外还有一处公路收费站,离开水关的车辆都得在这儿交纳通行费。

水关 威廉·林赛摄于2006年

北京地区

水关 约翰·汤姆森1871年拍摄的蛋白工艺照片，原件尺寸为26.3×20厘米

水关（从北面看）

这幅老照片的拍摄者是英国人赫伯特•庞定（Herbert Ponting 1870-1935年），此公曾经是银行家，后来成了职业摄影师。作为职业摄影师，他移民到美国，由于摄影技术高超，《哈波周刊》、《莱斯利周刊》等新闻机构先后请他搞专题拍摄。1907年，他应美国新闻媒体的委托，乘坐西伯利亚大铁路来到亚洲，先后在日本和中国拍摄。

在北京地区，庞定至少拍摄了三幅相当成功的长城照片。这幅较少为人所知的水关照片是其中之一，另有两幅八达岭长城照片均获得了巨大的商业成功。他还拍摄过山海关长城，他在山海关拍摄的照片有些被美国恩得伍德•恩得伍德公司制作成大银幕幻灯片出售（见第34页）。

1910年至1914年，以罗伯特•福尔肯•斯科特上尉为首的英国探险队对南极大陆进行了人类历史上的首次考察，赫伯特•庞定跟随探险队活动，拍摄了大量照片和影片，名声由此大增。他把自己的南极探险经历写进《冰雪覆盖南极洲》一书，该书于1921年出版。

这幅水关老照片的前景中有一条路，路旁有几辆骡车，其中离镜头最近的两辆可能是赫伯特•庞定一行来八达岭时使用的交通工具。背景是水关长城，左手远处长城从陡峭的山坡爬下，一直爬到水门。

也许是由于附近修了公路或铁路，这个地方的高度发生了变化，因此很难以老照片为蓝本进行精确重摄。重访此地，我们发现水关上面的长城已经重修，原先那条遍地石头的土路如今成了柏油路。画面之外的右方是八达岭高速公路，这里的水关路仍被叫做"老路"。

1910年至1914年，赫伯特•庞定在南极洲参加科学考察

水关(从北面看) 1907年赫伯特•庞定拍摄的银骨胶照片

水关(从北面看) 威廉•林赛摄于2005年

朱利叶·布雷登：带你漫步长城

20世纪初到北京游览的外国人，通常靠旅游指南按图索骥，不过也可从朱利叶·布雷登（Juliet Bredon）女士写的文章中获得相关信息。朱利叶·布雷登女士住在北京，专攻中国历史。她写的文章既亲切又实用，读她的文章像是被朋友挽着胳膊在北京城区和郊外轻松自在地漫游，而不是匆匆忙忙地东跑西颠。

毫无疑问，朱利叶·布雷登女士曾多次造访八达岭长城。她写道：

从北京外出旅游，最佳选择是去南口关，观赏那里的长城。无论您怎样匆忙，此处长城都不可不看。万里长城实在雄伟，需要看的地方很多。然而，其他地方的长城都不像南口关长城那样壮美，保存状况也不像南口关长城那样完好。人们可以乘火车去南口，此外，在南口能找到干净、舒适的旅馆。

从北京去南口，一天之中就能打个来回。然而，如果时间充裕，你可以用两天时间考察这里的长城，然后用半天时间在南口漫步。为了抵御关外少数民族的进入，人们在这个狭窄地带修建了连锁工事，而南口这座别致的敌楼便是这连锁工事的第一链。从这小城向上走，不多远就是群山汇集的地方——在这里，四座敌楼扼守着山谷的入口。

人们可以乘火车去这关隘的最高处。首次来此的人们无不惊叹：这里的景色举世闻名，但是从车厢窗子呆坐着看它可实在不足为奇！不过，这条铁路本身就足以让你感兴趣。我们应当感谢战胜万难修建这条铁路的那位工程师。那几乎笔直的坡度，那些穿过群山的隧道（其中一条竟然从长城下面穿过去），还有那大片的护坡，所有这一切，都能证明修这铁路何等艰难。

朱利叶·布雷登(左)1922年在北京。原照背面有她的签名，她把照片和自己写的书一道送给了一位读者

爬行一个小时之后，火车终于在青龙桥车站停下来。沿着铁路线走半个小时，就能到达这关隘最高处的八达岭城门（此处海拔2000英尺）。城门两侧的长城在起伏的山脊上向远处延伸，它经过的一些山峰怕是连人也爬不上去。除了一个赶驴子的，此处简直是荒无人烟。草丛里有一门老式大炮，那驴子就栓在大炮上。人们在一座敌楼里发现了不少古时候的兵器、盔甲，这大炮是这些古兵器中仅存的物件。驴夫坐在草地上看管他的牲口，周围全是破砖烂瓦。此时此景，多么令人感慨！四周一片寂静，只有火车鸣笛声音偶尔从远处传来。鹰隼追逐时的鸣叫，也能暂时打破这浓重的寂静。

见朱利叶·布雷登所著《北京名胜：历史与感受》，1919年上海版

早在19世纪末，就有人造访八达岭长城，因此在布雷登用生花之笔描述它的时候，人们普遍认为想看万里长城，就得去八达岭。

于是，那些百无聊赖地在草地上吃草的驴子便被派上了新的用场，从南面来的长城摄影者无不骑在它们的背上来此。当地老百姓成了导游，他们带领旅行者在长城上东奔西走。早期的旅行者与当地居民的互动，成了八达岭旅游业的起源。

20世纪50年代，战火熄灭之后，人们开始对八达岭长城进行零星的修缮。90年代后期，这里修了一条高速公路，把北京到这里的旅程减少到大约两小时。如今八达岭长城景区每到节假日便拥挤不堪，能听到外国游客讲十几种外语，还能听到中国游客讲各地的方言。原先的宁静被彻底打破，那原始的壮美也不复存在。毫无疑问，现代化带来的各种方便更受人们的欢迎，既包括长城边上重铺的路，也包括现代旅游业的各种副产品。然而可以肯定，八达岭过去是、现在是、将来也是长城全线最受游客青睐的旅游点。

中国铁路当局印制的青龙桥旅游专线宣传册的封面。这份小册子向乘坐Resolute号轮船周游世界的游客散发。小册子上标明的日期是1934年4月11日，宣传材料包括菜单、饮品单以及时间表。那时在秦皇岛弃船登岸的游客先要乘火车到北京，然后去青龙桥

"造访长城",1919年

20世纪30年代初在八达岭长城游览的一对美国夫妇

1986年10月,英国女王伊丽莎白二世与菲利普亲王游览八达岭(明信片)

1972年2月，美国总统里查德·尼克松和夫人游览八达岭长城（原件25×20厘米，白宫摄影部）

青龙桥火车站

老照片是亚当·沃里克1922年为美国《国家地理》杂志拍摄的，画面上是停靠在青龙桥车站月台旁的旅客列车。那时去青龙桥的列车早上8时50分从北京市中心的前门火车站发车，12时15分到达青龙桥，下午2时30分开车，5时55分恰好是吃晚饭的时间返回北京。这就是说，从北京去青龙桥旅游可以当天来回，遗憾的是在青龙桥游玩的时间只有2小时15分钟。从青龙桥车站到长城步行需要30分钟，可以想象多数游客是骑牲口到那里去的。

上个世纪20年代，青龙桥车站是个繁忙的终点站。上世纪50年代，每天还有50多趟列车通过青龙桥车站，而现在每天只有三五趟。

我是在一个星期一的中午来到青龙桥的，当时有一列北京至莫斯科的旅客列车停靠在站台旁。长城仍在车站旁陡峭的山上蜿蜒，不过垛口的破损程度与当年相比有所加重。现在绝大多数游客乘汽车来青龙桥，因此青龙桥车站不再像过去那样繁忙。

北京至张家口的铁路建成于1909年，这条铁路在青龙桥以北从长城下面的隧道穿过。京张铁路是詹天佑（1860－1919年）工程师设计的。詹天佑毕业于耶鲁大学，先后攻读土木工程和铁路工程。据青龙桥车站站长杨存信介绍，京张铁路通车之前，北京地区的货运主要靠骆驼。1905年，往来于北京在蜿蜒的群山中爬上爬下的骆驼每天要运2万担货物（每担100斤或50公斤）。京张铁路是按照清朝政府的命令修建的。保守的清朝政府向来反对进步，修建现代化的京张铁路，算是一个特例。

青龙桥火车站 1922年，亚当·沃里克摄

杨存信说，京张铁路有三条规划路线，詹天佑选定的路线最短，但技术最复杂。居庸关一带坡度很大，他用两部车头下推上拉上行的列车，从而解决了列车爬坡的难题，为此他设计了专用的挂钩。此外，他还主持修建了从长城下面穿过的隧道。京张铁路是中国人自行设计、自行修建的第一条铁路。为了纪念詹天佑的功绩，人们在青龙桥车站花园里为他立了铜像。

青龙桥火车站 威廉·林赛摄于2006年

青龙桥车站站长杨存信。杨家父子两代都是青龙桥车站站长 威廉·林赛拍摄

八达岭古道

这幅老照片是美国国家历史博物馆古生物学家罗伊·查普曼·安德鲁（Roy Chapman Andrews，1884-1960年）拍摄的，拍摄时间是1925年，从画面上看，有六辆汽车停在紧靠八达岭长城南面的路上。

查普曼·安德鲁在北京有一个四合院，20世纪20年代中期，他以北京为基地对戈壁地区进行考察。拍摄这照片的时候，他刚刚在蒙古完成一次考察，正在返回北京的路上。查普曼·安德鲁拥有道奇汽车运输队，车队使用的燃油由美孚石油公司提供。依仗这个优势，他得以在广大地区进行考察，并获取了大量恐龙化石，包括世界上首次发现的恐龙蛋。说来可笑，每次考察的初期，这支摩托化运输队都得依赖沙漠旅行的传统手段（除了北京到张家口地段），用骆驼沿预定的考察路线运送用于车队加油的设备和汽油。这些考察路线，平均每条长达4000公里。

这幅照片充分显示查普曼·安德鲁特有的不拘一格的摄影风格。它的拍摄地点既不在长城上，也不在通向长城的路边，而是在俯视长城的山上——恰恰由于他的不拘一格，拍摄出来的画面才那样新奇。在画面显示的西北方向，我们看到一条弯弯曲曲的古道穿过几乎废弃的关城。在画面的右方，长城在八达岭最低处缓缓向上爬行。

重访此地，看见这里的长城已经重修，那条古路已经重铺，但保持了原来的走向。周围山坡上的林木比过去茂密。秋高气爽，正是旅游旺季，大约100辆旅游巴士停在离长城大约100米的停车场。查普曼·安德鲁也许是第一个把汽车直接开到长城脚下的人，现在的人们也是如此——不过这样的日子已经屈指可数，这个停车场将被搬迁，为此将在长城底下修建一条隧道。这是八达岭长城景区整体改造的一部分，根据规划，景区中有碍长城景观的设施将全部搬迁到远离长城的地方。

八达岭古道 威廉·林赛摄于2005年

八达岭古道 1925年罗伊•查普曼•安德鲁在进行科学考察途中路过

从长城外拍摄的八达岭 1871年 约翰·汤姆森摄

从长城外拍摄的八达岭

老照片出自约翰·汤姆森之手,拍摄于1871年,可能是最早拍摄八达岭长城照片。这幅照片比较珍贵,因为它是从长城外面拍摄八达岭,而多数摄影师从里面拍摄。

约翰·汤姆森用大角度拍摄了八达岭,画面上,长城从山脚下的主要入口蜿蜒爬行到左面山顶上第四座面向北的敌楼,然后左转,最后在长城主要入口与第一座敌楼之间的天际再次现身。这段长城看来完好,除紧靠入口处右边的垛口少许破损外,整段长城看不到明显的损坏。画面下部的右面有一条弯弯曲曲的石头路穿过长城。

从长城外拍摄的八达岭 威廉·林赛摄于2006年

此处地貌变化相当大,加上地面平整,重摄照片在拍摄地点和高度方面很难做到与约翰·汤姆森的老照片完全一致。新照片是站在八达岭宾馆楼前展示的大炮上拍摄的。我们发现大量修建旅游设施,对八达岭长城景观造成了严重破坏:尽管与老照片的拍摄角度相同,突显在新照片上的不是长城,而是道路、停车场还有出售各种各样旅游纪念品的摊点。

八达岭长城旅游景区管理处主任李满说,有关方面将采取两项重大措施,使老照片上的八达岭长城景观得以恢复。根据2006年公布的八达岭长城保护规划,长城下所有商业设施都将后移,还将从长城下面开凿一条隧道,取代现在各种车辆使用的路。

八达岭长城登城的头一个平台

这幅老照片拍摄于1885年,据说是托马斯•蔡尔德(见第31页)拍摄的。从画面上看,八达岭长城山路的头一个平台上有一群外国游客,还有他们在当地雇用的中国人导游,他们在摆姿势照相。这群人的左方是长城外墙的门,旁边的山上能看到一组4座敌楼。

关城中央有一座用长城砖搭建的长方形建筑物,使用者可能是等待外国游客雇用的当地人。第一、第二座敌楼之间的通道显然已经崩塌,同样的情况,也出现在第182页提供的例证中。

重访此地,我发现通往前景平台的台阶的发生了少许变化。关城前原先只有两株孤零零的迎客树,而现在漫山遍野都是树。

八达岭长城登城的头一个平台 威廉•林赛摄于2005年

右页图:八达岭长城登城的头一个平台 1885年托马斯•蔡尔德拍摄的蛋白工艺照片,25×20厘米

万里长城 百年回望 从玉门关到老龙头

八达岭明信片 1895年S·山本拍摄的蛋白工艺照片，26.3×19.5厘米

八达岭明信片

这幅八达岭照片，是S·山本1895年拍摄的。照片的背后盖有椭圆型的印章，印章上有"S·山本于北京"的字样。

S·山本从19世纪90年代到20世纪初在北京居住，是日本摄影学会会员。他在天安门广场以东的老北京使馆区附近开了一家不大的照相馆，在天津英租界也有一家照相馆，靠销售画册、明信片和图文并茂的图书为生。他还出过一部名为《北清大观》的书。对他的了解，大致就是这些。他的拍摄地点仅限于八达岭，然而从他的几幅照片看，他的构图水平相当高超。

这幅照片，是山本拍摄的三幅八达岭经典照片中的一幅。这幅照片，被他用在明信片上。从这幅照片上，可以看到八达岭北山长城上的敌楼一座接着一座，阵容雄伟，动人心魄。拍摄者善于用全景扣动观者的心弦，似乎在把观者的目光从长城脚下往上引导，直到画面的右上角。

在照片的前景中，我们能看到关城的一部分。关城的内门看来状况良好。那座用长城砖搭建的房子旁杵着一株光秃秃的树。这座房子在那里已经存在了许多年，当时许多早期的摄影师都见到过它，现在已经倒塌。同时在北二楼前树立的电报信号接收杆，在10年以前拍摄的照片里还没有出现（见第181页）。

重访此地，我发现关城一带变化巨大，现在大多数游客从这里攀登长城，因此周围的服务设施拥挤不堪。八达岭长城下的古道（在照片上被遮挡）仍在被使用，从左至右与旗杆旁的长城形状的墙平行。

八达岭明信片 威廉·林赛摄于2005年

八达岭全景图

无论从摄影技术还是从构图看，这幅八达岭长城全景都是传世佳作。原照复制品的尺寸为45.5×9.5英寸，用照相凹版印刷，用作1923年2月号《国家地理》杂志插页。复制这幅照片，使用了金属板曝光蚀刻法，其清晰度可谓前所未有。从画面上，观者甚至可以看到长城墙面上大石块的阴影，还能清楚地分辨离镜头最近处的长城砖。

《国家地理》杂志是美国国家地理学会出版的刊物，然而，该学会的资料部却无法提供这幅照片的详细信息，既不知道谁是拍摄者，也不知道用哪种型号的相机拍摄的。照片应当是文章的作者亚当·沃里克拍摄的，但是对于亚当·沃里克的生平事迹，他们也一无所知。

照片可能是1922年拍摄的，画面展现了八达岭长城的全景。通过仔细检查，我断定这幅全景照片是一次拍成，而不是分段拍摄后拼接。然而，画面上的农民和骆驼是《国家地理》杂志编辑贴上去的，目的是让画面活跃一些。

八达岭全景图 照相凹版全景图，45½×9½英寸，1922年拍摄，原作存美国国家地理学会

八达岭全景图 威廉·林赛摄于2006年

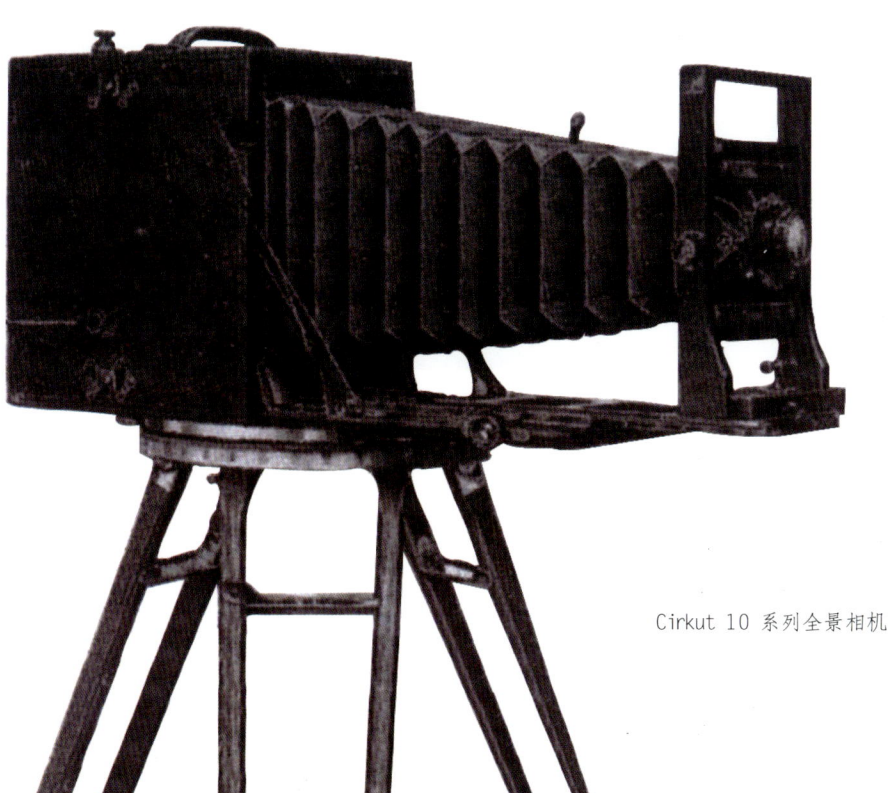

Cirkut 10 系列全景相机

20世纪早期，使用最多的全景相机是罗切斯特全景摄影器材公司（Rochester Panoramic Company）1904年推出的Cirkut旋转相机，以后柯达公司又推出了该型相机的几款改进型。拍摄时相机置放在三脚架上，相机中安装不同尺寸的胶卷，相机转动的时候，一台小马达驱动胶卷与相机同步转动，因此能用于360度拍摄，主要用于拍摄人数众多的群像。正因为它有着这样优越的性能，我认为它最有可能被用来拍摄那令人叹为观止的长城景观。在这幅180度旋转拍摄的照片上，我看到画面右方是八达岭北山，左方是八达岭南山，具有战略意义的八达岭关隘在两座山之间的最低处。

仔细分析这幅全景照片，将之与更早拍摄的长城相比，例如与半个世纪之前即1871年约翰·汤姆森拍摄的长城相比，此时的长城已经遭到一些破坏。从约翰·汤姆森拍摄的照片上，我看到长城的内壁有两处裂口，一处在画面左手远处，另一处在右手远处。与1890年拍摄的长城相比，右手远处的裂口有所扩大。1890年以来的30年中，通往城门外墙平台的台阶已经沦为废墟。

重摄此地时，长城已经修缮，老照片画面离镜头最近的长城被茂密的林木遮挡。各种各样的建筑物出现在长城的怀抱中。右手远处长城景区主要入口处周围全是建筑物，远处左下角有小墙环围着邓小平（1904-1997年）"爱我中华，修我长城"号召的纪念石。

八达岭"贵宾地段" 1880年拍摄的蛋白工艺照片，23.5×16.8厘米，拍摄者不详

八达岭"贵宾地段" 威廉·林赛摄于2005年

八达岭"贵宾地段"

这幅老照片拍摄于1880年,画面上没有人,无论是当地人还是游客都没有,这并不奇怪。那时从北京到八达岭要走两天,沿途盗匪出没,到这里来,就得忍受一路颠簸,还可能遇到土匪。因此到此一游的人每年不足一百,而且主要是外国游客。

这幅老照片上的长城是那样雄伟,却又那样安宁。可以看到,画面北山上的长城缓缓转弯,除背景右方长城有一处被冲蚀外,屹立在山上的那一连串敌楼几乎完美无缺。画面左方有一座高大的敌楼,因此长城的外墙不难辨认;而内墙的敌楼则比较低矮,没有垛口。这乃是八达岭长城形制的一个显著特点。

今天,修缮后的八达岭长城延长了3.5公里,还修了一条高速公路。历年来,有500多位国家元首和政府首脑先后造访此地。所有这一切,使得这段八达岭长城闻名全球,被称为长城的"贵宾地段"。人数迅猛增长的国内游客,当然也把八达岭长城当做首选。我重访此地时正值2005年金秋,八达岭长城上下人满为患。2004年,八达岭长城接待的游客达到了创记录的450万,"五一"、"十一"黄金周期间每天接待量高达10万。为了鼓励人们出游从而刺激消费,中国政府大力倡导"假日经济",因此中国人每年享受两次长假,每次7天。然而,由于旅游设施建设相对滞后,黄金周期间的八达岭长城几乎被人流淹没。

八达岭(面向西南)

　　这幅老照片是赫伯特·庞定1907年拍摄的，构图之精美，足以解释赫伯特·庞定为何不说自己是"摄影师"，而是自称"摄影艺术家"。画面是面向西南的山坡上的八达岭长城，无论从哪个角度说，无论是构图、曝光还是作品观者的兴趣以及生命力的持久，这幅照片都堪称摄影艺术的杰作。它先是被用做威廉·盖尔1909年出版的《中国长城》一书的插图，半个世纪之后的1954年，李约瑟（Joseph Needham 1900-1995年）将之用于他的鸿篇巨制《中国科学与文明》的第一卷。

　　赫伯特·庞定的摄影艺术风格与S·山本相似，他用广角展示长城像一条巨大的石龙蜿蜒穿过八达岭关隘，同时集中表现这条长龙身躯上最具特色的那个部位。他登上八达岭长城，站在它的中部，力图表现一位游客眼中的长城——这位无形的游客似乎走下长城，从三个人身旁走到那座精美的敌楼，随后走到长城脚下，最后登上对面的山。不过要说明，画面上三个人是赫伯特·庞定为拍摄照片特地雇来的。

　　重摄此地，我发现长城两侧大量土地被旅游设施占据。照片左方靠近关城的地方现在是停车场。最近的那座敌楼旁有一个卖旅游纪念品的摊点，周围有人拉着马或骆驼招呼游人照相。长城右边现在是商业区，从新照片上能看到那里几座建筑物的房顶

八达岭(面向西南) 威廉•林赛摄于2006年

左页图：八达岭(面向西南) 1907年赫伯特•庞定拍摄的红褐色照片

八达岭北山

这幅照片拍摄于1895年,照片背面有日本人S·山本的紫色椭圆形签章。

山本把取景高度和宽度发挥到极至,使观者充分领略长城无与伦比的规模和壮丽。他让观者的目光集中在蜿蜒曲折的长城,画面中有一个人,与宏伟的长城相比这个人显得非常渺小。

从照片上看,那时长城墙体的状况良好,只是长城脚下遭到一些破坏。原因是水从山上冲刷下来,在长城下的槽面汇集并向墙内渗透,冬天水结了冰,体积涨大,推挤基石,导致长城路面塌陷。

重访此地,发现这里的长城已经修缮,周围植被的变化尤其巨大。1949年新中国成立后不久,八达岭长城便划归林业部管理,人们在周围山上大量植树。八达岭长城修建于600年前。现在八达岭一带山上的林木,很可能比以往任何时候都要茂密。还要说明,600年前修建八达岭长城是就地取材,为了获取用于烧砖和石灰的燃料,这一带的森林被砍伐一空。

八达岭北山 1895年S·山本拍摄的蛋白工艺照片,26.3*19.5厘米

八达岭北山 威廉·林赛摄于2004年

万里长城 百年回望 从玉门关到老龙头

八达岭的垛口与敌楼 20世纪30年代初容真（音译）照相馆拍摄的银骨胶照片，10×6.5厘米

八达岭垛口与敌楼

老照片的原件是20世纪30年代北京容真（音译）照相馆出售的八达岭长城系列画片中的一张，画面是北京八达岭北山半坡上的垛口和敌楼。从画面上看，长城建筑物整体保存良好，不过画面背景中的敌楼左墙面有一些裂纹，小凸面上方第二、第三座敌楼之间长城上的通道有一处被冲蚀。

协会的志愿者朴铁军在初冬的一天到此重摄，发现长城上游客拥挤不堪，老照片背景中的敌楼外墙已经修缮，人们排着长队在狭窄的入口穿过。这座敌楼上层少了两个射孔。从它的上面往外看，涂成蓝色的公共厕所显得分外扎眼。绝大多数垛口保存下来。由于游人过多，不堪重负，长城上的通道已经重铺，有些地方重铺过好几次。

八达岭的垛口与敌楼　朴铁军摄于2006年

慕田峪长城：五幅系列老照片对比

　　这五幅系列老照片都是威廉·盖尔拍摄的，拍摄时间可能是1907年夏季的某一天，他在慕田峪一带考察时，选取了这五个场景。这些照片以及他对此地的描述（请见下面的摘要），都说明长城在这里构成了一个环线，其起点和终点都是莲花池。具体地说，这条环线从慕田峪长城东端开始向西至牛角边，然后穿过山谷回到起点，全程大约16公里。

　　威廉·盖尔是在莲花池村过夜的。这个地方没有旅馆，只好在"当地首富"家里借宿，结果被村民围观。他写道：

　　男女老少一个不剩全来"观赏"我们。这的确让我们感到不舒服，不过对于人们的做法我们不能过于认真。我们来到这小村庄，恰似当年一个马戏团来到我的家乡宾州多埃斯顿城。光是我鞋子的尺寸就让他们大吃一惊。

　　次日早晨，威廉·盖尔从莲花池村动身，寻找"北京结"，即长城主线和环线在东面结合处。他把"北京结"命名为"Y处"——在这个地方，从东面蜿蜒至此的长城主线分为北线和南线，即外长城和内长城。他写道：

　　找到山海关和遵化很容易，找到"Y处"却颇费周折，既费时，又费事。这里有两个原因。首先是山势过于陡峭，很难爬；第二是当地人不知道长城在哪里分岔，分别通向西北方向的张家口和西南方向的南口。有个当地人信誓旦旦地说他知道长城在哪里分岔，事实却是他领错了路。看来指望当地人引路无望，我们便开始

莲花池

爬山。这里的风景之美无与伦比，而那两段来自西面的长城以及那段向东延伸的长城却不见踪影，于是我们不由得失望起来。

　　从这幅1907年拍摄的老照片上，我们看到陡峭的长城从山谷中爬出来，溪水在乱石上流淌，最后流进叫做"莲花"的那个池塘。

　　尽管离村庄很近，老照片拍摄时长城保护得很好，山坡上的敌楼也保持了原样。然而，我们在重摄此地时发现长城建筑物数量在减少，质量在变坏。老照片前景下方一段20米长城已经损毁，现在只剩下一个土墩。山坡上的敌楼也已经崩塌，敌楼内的房间看不到了。尽管长城的墙体保持了原样，但是老照片画面上方山脊上的长城建筑物也已经坍塌。

　　我们还发现，紧挨长城的土地也已经被开发。新照片背景的近处有个游泳池，旁边还有用红色波纹铁搭建的遮阳棚，看上去非常刺眼。这个谷地越来越拥挤，人们大量养殖虹鳟鱼。络绎不绝的北京人到这里度周末，主要不是为了观赏莲花池，而是为了吃烤鱼。

　　当年威廉·盖尔从莲花池出发，从山谷爬上山，考察三座楼一带的长城。

莲花池长城 威廉·盖尔摄于1907年

莲花池长城 威廉·林赛摄于2006年

北京地区

慕田峪（面向西）

这里有一幅威廉·盖尔拍摄的长城照片，这幅照片，以及其他三幅没有用于长城重摄项目的老照片，都表明当年威廉·盖尔可能是沿着长城外墙面跋涉，试图寻找一个出口，这样就不必爬山越岭了。

从这幅照片上，可以看到长城向西蜿蜒曲折地爬上高山，右方是这段长城的尾部，大约40米长，终点有一座敌楼，后面山丘上有一座独立的敌楼。

我重摄的照片显示这段长城已经修缮。在许多地方，大多数敌楼上部用原来的砖重修，但其余部分则用灰色的新砖。新旧两种砖对比鲜明，从最近处敌楼的外墙面就能看得出来。画面上长城左方远处，可以清楚地看到慕田峪长城两座索道站中的一座。

吴梦麟女士由于参与了对这段长城的修缮，因此她对修缮的前前后后比较了解。1961年吴梦麟女士在北京大学历史系考古专业毕业后，开始从事北京地区文物的调查与研究工作。当时正逢国务院公布第一批全国重点文物保护单位，其中有八达岭长城和居庸关。1982年5月，她得到规划部门要对慕田峪长城做开发规划时，很担心施工时不做文物调查和现场考古而失去历史信息。为此，四处奔走，争取在开发之前做好文物调查和现场考古准备工作。在老专家和同仁的努力下，完成了从大角楼到十四台的测量，清理和记录等考古手段，征集散存在村内外及百姓家中的石碑、武器、守城战士生活用具等，成为北京地区首次运用考古方法全面勘察的长城地段，并写出科学报告。

慕田峪(面向西) 威廉·盖尔摄于1907年

右页图： 慕田峪(面向西) 威廉.林赛摄于2004年

慕田峪长城的三座楼

威廉·盖尔是站在长城上拍摄这幅照片的。拍摄时他面向东方，目光集中在从三座楼到大角楼这段短短的长城。照片的前景显示，这段长城在陡峭的山上向上爬行，转了一个弯，山坡中部有两座敌楼。

用这样的角度拍摄，威廉·盖尔使我们清楚地看到长城的原始风貌——请看：背景中长城上的道路，已经长满了野草。镜头几米以外的地方有一个土墩，土墩后面是三座楼；由于这块凹地易攻难守，因此这座敌楼相当大。

重摄此地，发现这段长城已经重新修缮，现在是慕田峪长城旅游景区的东端。照片前景中的土墩原先是一座炮台，现在也已经修缮。从照片上可以清楚地看到三座楼的楼顶。仔细看，能发现重建工程的设计者尽量修旧如旧，可谓用心良苦。他们不放过每一个细节，连屋脊上的神像和飞檐顶端的神兽也按原样复制。四周山坡草木葱茏，显然已经绿化。

1984年，已故的中国领导人邓小平发出了"爱我中华，修我长城"的号召，随后人们对万里长城进行了大规模的修复，其中慕田峪长城首先得到修复。邓小平的号召，为中国文化遗产保护开创了一个崭新的时代。在此之前，破坏文化遗产的现象相当普遍，为了获取现成的建筑材料，不少人不惜拆毁长城。

多谢邓小平发起的"爱我中华，修我长城"运动，当地一位名叫付林健的农民找到了有生以来第一份能挣现钱的工作。他参加了长城的修复，作为砌砖工，每天挣大约1美元。1984年，他参加了老照片上所有长城的修复工作。我问老付，对于自己成为古老长城的现代修复者是否感到骄傲。他回答说，那个时候他只知道干活挣钱。22年过去了，老付成了慕田峪长城旅游景区的工作人员。他说，看到游客登上他亲自修复的长城，他终于认识到自己当年干的活非常重要。

1984年，付林健参加了修复长城的工作。
2004年威廉·林赛拍摄

慕田峪长城的三座楼 威廉•盖尔摄于1907年

北京地区

慕田峪长城的三座楼 威廉•林赛摄于2004年

万里长城 百年回望　从玉门关到老龙头

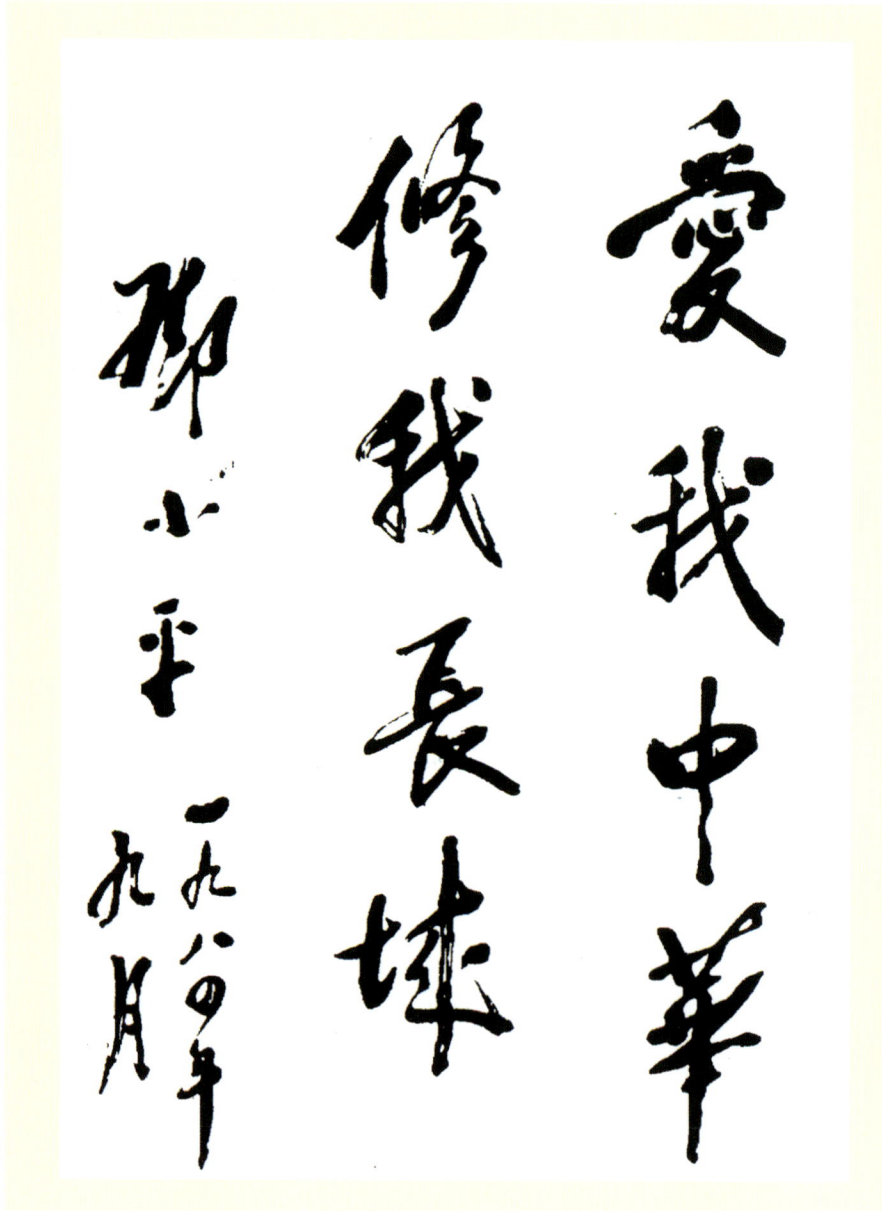

邓小平题词

右页图：水彩画《邓小平》，原件尺寸为78×37厘米，1985年创作，创作者不详

北京地区

"3字形长城"（怀柔，慕田峪长城的一段）

这是一段风格独特的长城，首次称之为"3字形长城"的是路德·牛顿·海伊斯（1883-1978年）。1907年，威廉·盖尔长城考察的初期，曾经一连几个星期由海伊斯陪伴。关于他为何对长城发生了兴趣，海伊斯写道：

对于我这个出生在中国的年轻外国人，长城这座古老的建筑杰作有着特别的魅力。早在孩童时代，我就立下了有朝一日造访长城全线的雄心壮志，这既是为了满足个人的兴趣，也是为了增进别人对长城的了解。多年之后，这个儿童时代的志向终于实现了——我沿着长城跋涉了好几百英里。

牛顿·海伊斯的妻子兼他的传记作者雷亚·庞伏雷·海伊斯（Rhea Pumphrey Hayes）说过，她的丈夫曾一连三个星期与威廉·盖尔一道考察长城。"他们从濒临大海的山海关出发，但是紧急任务中断了他（牛顿·海伊斯）的行程，使他无法走完1300英里路程到达甘肃。"

牛顿·海伊斯出生于居住在江苏省苏州的一个美国传教士世家。1882年，他的父母到中国度蜜月，没料到从此在中国安了家，一住就是50年。牛顿·海伊斯在20多岁的时候，被送回美国，在俄亥俄州伍斯特学院读书。1906年毕业后不久，他被慈禧太后统治时期的大臣李鸿章雇用，成了李鸿章孙辈的家庭教师。他先后在北京和南京的李府居住，很可能是李鸿章家的什么事情使他无法与威廉·盖尔一道完成长城全线探险。

牛顿·海伊斯像（1950年，57岁）

由于牛顿·海伊斯对长城研究有浓厚的兴趣，所以得到了威廉·盖尔制作的75张大银幕幻灯片，其中有些是威廉·盖尔在世时的馈赠，有些是根据威廉·盖尔的遗嘱所得。牛顿·海伊斯请上海一位画家为这些幻灯片上了色。也许是在1927年11月，他在英国皇家亚洲学会华北分会（也在上海）的办公处放映了这些幻灯片。两年之后，他根据自己掌握的长城材料写了《中国万里长城》一书，该书由上海Kelly & Walsh出版公司出版。这本书袖珍版中的照片全部是

"3字形长城" 威廉·盖尔摄于1907年

"3字形长城" 威廉·林赛摄于2004年

威廉·盖尔拍摄的。不过有些许遗憾的是，对于牛顿·海伊斯和威廉·盖尔两人一起进行的头三个星期中的考察路线，这本书没有提供详细的线索。

重摄的照片，表明就其质量和设计特点而言，"3字形"长城的总体状况在恶化，不过还没有恶化到不可挽回的程度。威廉·盖尔特意在照片前景中安排了两个身穿清朝服装、留长辫子的人，这可能是应出版商的要求这样做的，为的是给照片增添一些人情味。

审视向下连接第一座敌楼的长城，可以看到它内墙面上排水口大约还有一半仍在，然而这里的三座敌楼都已经破败不堪。牛顿·海伊斯在为"3字形长城"照片撰写的说明中特地提请读者注意此处长城转弯处三座敌楼。他说："（这三座敌楼）位置突出，从这里，弓弩射手可以在大范围内杀伤攻击长城外墙的敌人。"

新照片右侧远处是怀柔县城，我们能清楚地看到那里新近建成的白色大楼。

牛角边

在一个地点拍摄的时候，威廉·盖尔每每把近处几个地点的长城同时拍摄下来，这样就不必为拍摄这几个地点而重新拆装笨重的相机、镜头和三脚架。只要仔细把这幅照片与他拍摄的"3字形长城"照片比较一下，就不难发现他的这个习惯。这幅照片是距"3字形长城"照片25米之外拍摄的，拍摄方向与其他照片恰好相反。

这幅照片的画面是一处长城环线的开口处，从西面或空中看恰似牛角。这种布局符合"居高临下"的战术思想，有助于增强守军弓弩、石雷等武器的效能。

照片的前景是一段保存良好的长城，墙上耸立着有盖顶石的工事。这段长城转向右方，外墙面的情况一览无余。它在陡峭的山上向上爬行，当中有一座敌楼，最后达到山巅（海拔1065米的山巅在本照片的取景之外）。达到山巅之后，长城开始向下爬行，在地平线的中右部分再次构成了第二条线，最后到达位于照片中心的一座有四个"眼"（窗户）的敌楼。从这里起，长城开始向左方的远处蜿蜒，逐渐消失在斜长线的另一端，但随后再次现身，即照片左手地平线上远处的正北楼。

在这里重摄的时候，发现与过去相比，长城两边和长城上的植被厚了许多。早在360年前，长城就不再作为防御工事使用了。从那时起，这段长城成了荒野的一部分，成了所谓"野长城"。被北风挟裹至此的黄土逐年积累，在长城上下形成了几厘米厚的土层，被风吹来的种子以及鸟粪中的种子落地发芽，终于使长城淹没在荒烟蔓草之中。我们在这里发现了各种各样的野生植物，既有野草，也有野花；既有灌木，也有乔木。乔木有杏树、丁香树、橡树等等。有些野生成年树大约30多岁，它们的根系十分发达，深深扎进长城，似乎与长城结下了生死之缘。

这里曾经有三座敌楼，存留下来的只有正北楼。正北楼底层走廊依然完好，通往上层的两处楼梯也在。此处地形优越，周围情况一览无余；当年正北楼是指挥所敌楼，因此与周围其他敌楼相比，它的建设标准比较高。尽管如此，眼下它面临着许多结构性问题：整个楼体严重倾斜，有不少裂缝，墙体上不少砖已经松脆，承重能力大大降低。2004年，在世界文化遗产基金会赞助下，国际长城之友协会请清华大学建筑历史与理论及文物保护研究所对正北楼的稳定性进行了测试。专家们预言，在未来岁月中，正北楼面临的最大威胁将是地震。

对比这新旧两幅照片，人们不由得忧心忡忡：如果再过97年之后有人来此考察时，现在耸立在照片地平线上的那座敌楼是否仍在。

威廉·盖尔从这里向上攀登至牛角边，并在牛角边拍摄了当天最后一幅照片，随后便匆忙回莲花池过夜。尽管没有找到Y处，他却给我们留下了魅力持久的长城原貌。

北京地区

牛角边 威廉·盖尔，1907年

牛角边 威廉·林赛摄于2004年

国际长城之友协会长城环保员常金旺每天在牛角边捡游客留下的垃圾　杨肖 摄

古北口

古北口
- 古北口老城
- 姊妹楼
- 卧虎山
- 北门口
- 二道门

从西端俯瞰卧虎山,卧虎山背后是潮河河谷,长城沿潮河河谷蜿蜒爬行至金山岭

古北口在北京东北120公里处，位于北京与河北交界处。

座落在华北平原北部的北京，15世纪成为明朝国都。关外草原上的少数民族南侵，往往借道古北口和居庸关扼守的谷地。这条通道比较短，也不那么崎岖。

古北口的意思是"北方古老的关隘"。在相对平坦、宽广的古北口谷地，潮河穿过燕山山脉。古北口长城是按照明朝开国皇帝朱元璋（1368-1398年在位）的命令于14世纪中后期修建的。那时，元朝的残余势力仍不时袭扰关内，为了防止关内被关外少数民族征服的历史重演，恢复了大汉统治的朱元璋下令修筑长城，以巩固边防。

明朝初期，由于能够动用的资源有限，政府只在古北口、居庸关等战略要地修建长城。随着时间的推移，分段修筑的长城终于连接起来，构成了一个规模宏大的防御体系。所谓"明长城"，就是这个防御体系的总称。

15世纪初期，为了加强边防，明朝第三位皇帝永乐（1402-1423年在位）下令把首都从南京迁到北京。南京距关外1200公里，而北京距关外只有120公里，因此居庸关、古北口的战略地位便更加突出了。

北京是皇家所在地，当然应当固若金汤。开头人们只是把长城向古北口两侧延长，为的是防止入侵之敌绕过屹立在潮河岸边的古北口，借道附近较小的谷地进攻北京。

尽管如此，1550年古北口长城仍被攻破。明朝统治者接受这次重大军事失败的教训，隆庆（1568-1572年）、万历（1572-1620年）接连两个朝代对古北口长城进行了大规模重修。隆庆初年，戚继光将军（1528-1585年）担任蓟镇总兵后，对现有的长城工事进行了详细勘察，他的结论是，尽管重修长城耗费了大量时间、人力和财力，然而朝廷并没有必胜的把握。

关于长城，威廉·埃德加·盖尔说过这样一句话："人与大炮孰强？人也。"我们可以借用这句话概括戚继光重修长城的设想。在他的指挥下，古北口长城修建了更多的敌楼，供部队长期在敌楼中驻守。而过去是把部队部署在长城背后，必要时才派他们增援守城部队。此外，敌楼的布局更加紧密，这样一旦遭到攻击，驻守在两座相邻敌楼的士兵就能用交叉炮火或弓箭射杀攻击长城的正面的敌人。戚继光还打算加高加宽城墙，城墙表面用砌砖。由于他的指导，长城工事变得更具特色，比如城墙上修了斜角垛口，既扩大了守军视野，又便于他们自我保护。城墙上还留了向敌人投掷石块的口子。

古北口可以说是戚继光修长城的杰作。18世纪后期大批英国旅游者到这里来，正是为了欣赏戚继光为后人留下的这堵又高又宽的青灰色大墙。人们看到，这蜿蜒爬行到顶峰的大墙上每隔一段就有一座敌楼，每座敌楼上都开有较大的射孔。

1793年，英国军官威廉·帕里什率先用图画准确地再现了古北口的长城雄姿。在描绘长城的艺术作品中，这是一幅具有代表性的杰作。在欧洲，整个19世纪都有人临摹这幅画。这幅画加深了欧洲人对长城的印象，使他们认识到长城是世界上最伟大的人文与和自然景观相结合的艺术作品，长城的宏伟壮丽，足以与罗马、希腊、埃及最具代表性的文化遗存媲美。（见第214页）

直到20世纪初,才有第一位摄影师来到古北口。他从北京动身,用了整整6天才到达古北口——那时,即使从北京到南口关也得走4天。由于交通不便,难得有旅行者不顾艰难前来造访这里的长城。

这位摄影师,就是美国地质学家弗雷德里克·克拉普。1914年,他长途跋涉考察长城,为我们留下了当时古北口长城的珍贵照片。1928年,德国蒙古学家赫尔曼·康斯坦(1878-1957年)在北去考察蒙古的途中也在古北口停留,也给我们留下了照片。

然而,从画面看,这些古北口老照片的视野受到局限,往往都集中在反映古北口长城紧靠在与潮河平行的一条道路旁的那段风景。

造成老照片的这些局限的原因,也许正是因为那个时代此地长城的建筑物不仅数量多,而且保存完好,因此拍摄起来比较容易。古北口不仅是长城从西往东蜿蜒中的一个点,而且本身就是一座防守严密的城镇,仅城墙就有好几公里长。显然,光是在古北口就有太多的东西值得看,因此很少有人愿意离开熟路深入土匪出没的古北口腹地。正因为如此,当时流行的古北口照片无不反复突出此地长城建筑物,特别是敌楼和城门。

金山岭长城

威廉·帕里什上尉：一位英国军官眼中的长城

在中国国家博物馆收藏的清朝文物中，有一把英国国王乔治三世（1760-1801年）赠送给乾隆皇帝（1736-1795年在位）的银质配剑。配剑长一米，碧玉剑柄上镶嵌着黄金饰品和来自印度的宝石。这是前来觐见乾隆皇帝的英国使节赠送给中国皇帝的礼品中最贵重的一件。

英国使节此行，是为了打破当时的中国政府设置的贸易壁垒。在去承德的路上，他们看到了古北口长城，还进行了测量，并且用图画记录下来它的雄姿。

乔治·迈卡尼勋爵（1737-1806年）的正式头衔是"奉大英帝国国王陛下之命朝见中华帝国皇帝陛下的特命全权大使"。在受命领导英国使团之前，他在印度任马德拉斯邦总督。在印度工作期间，他与东印度公司领导人建立了良好的关系。东印度公司是一个巨大的商业帝国，按照英国政府的命令，东印度公司垄断英国对华贸易。凭借自己的外交经验，乔治·迈卡尼本应当能完成在中国的困难任务。然而，中国在广州口岸对进出口贸易施加种种限制，因此18世纪70年代英中贸易难以增长。

1793年夏季，英国使节乔治·迈卡尼及其随员去承德避暑山庄觐见乾隆皇帝，途中路过古北口。乔治·迈卡尼领导下的英国使团共有84名成员，包括副大使乔治·斯汤顿爵士、英国皇家炮兵上尉威廉·帕里什、一些英国步兵、一位植物学家、一位机械工程师，还有6名乐师，两名曾经在尼泊尔接受过传教士培训的中国人充当使团翻

这是威廉·亚历山大创作的速写《中国皇帝接见英国使臣》。乾隆皇帝在承德"万树园"一个满洲风格的帐篷里接见了以乔治·迈卡尼勋爵为首的英国使团

译。他们到达北京后，发现乾隆皇帝并不在首都，而是在首都东北面270公里的承德避暑山庄。获得中国政府准许之后，乔治•迈卡尼一行动身去承德。几天后，他们与长城相遇。兼任使团秘书的副大使乔治•斯汤顿用笔把这个经历记录下来：

我们向着中国与鞑靼地区的老边界前行，穿过另一座城门，走过弯弯曲曲的隘路，一路都有高大、结实的墙，最后我们来到古北口。古北口有强大的驻军，肩负着拱卫外墙的重任。古北口四面高墙环围，从主要城门向两侧扩展。在中国本土北部边界的这个地方，驻军以军礼欢迎大使的光临。

帕里什上尉说："中国守军向内排成两队，他们以连为单位，连有连长、连旗，军旗有五种颜色。我们在用唢呐演奏的军乐声中从两队士兵中间的通道中穿过，我们看到每一队有12个排列整齐的连队，队伍两头有军官，军营里有牌楼，还有10座样式各不相同的建筑物。这支军队有1200人。"

走近古北口的时候，我们看到这个大的墙有分岔，因此登上主墙很容易。这可能是一个疏忽。或出于嫉妒，或出于冲动，早就对这座重要关隘充满好奇的陌生人完全可以借道分岔登上城楼。我们全体官员都登城参观，帕里什上尉特别注意它的建筑质量和规模。

帕里什上尉说："这里长城的墙体是用土堆起来的，两面用经过打凿的石块砌就，墙体呈阶梯形，建在方砖平台上，发挥防御作用。"

砖墙的基础是石头，基础向外延伸大约两英尺。由于地形不规则，基础有高有低。然而基础最多有两层，大约2英尺高。墙体突出层与（架设火炮用的）垒道在同一水平上。

射孔的底部也与垒道平行，从垒道起，墙体向下形成坡度，这样，守军就能看到距离城墙基础仅几英尺的敌人。在我们看来，这些射孔更适合火器使用，而不是弓弩。

砖的尺寸根据使用的具体情况有大有小。城墙阶梯和城楼完全用边长15英寸的方砖建成。

修建胸墙的顶部，用通常尺寸的砖就不合适了。不负责任或者无知的建筑师往往要工人按照需要的尺寸把砖敲开。中国人不这样做。他们按照不同的需要，精心烧制不同尺寸的砖。两层砖之间的泥灰有半英寸厚，泥灰主要成分是石灰，很少用辅料，因此砖缝是清一色的白色。

帕里什上尉的细致观察，使我们得以详细了解长城的建筑特色，由此，我们可以准确地推定基督教时代到来前的长城形制以及中国人的边防观念。

总体上看，长城的修建证明中国政府维护边境安全决心坚定，计划周全，因此才敢于发起规模如此巨大的工程。长城的修建还足以证明中国社会相当发达，因此才有能力为这个巨大的工程筹集足够的建设资源，并能妥善地控制工程进度。还要说明，在长城的修建中，中国人完美地发挥了不怕吃苦、坚忍不拔的精神。

（以上见乔治•斯汤顿爵士所著《大不列颠国王使臣觐见中国皇

威廉·帕里什上尉创作的水彩写生画（1798年发表）。威廉·亚历山大以此为蓝本，创作了铜雕版画《古北口附近的中国万里长城》

帝中国实录》一书，1798年伦敦 George Nicol 出版社出版）

在承德万树园，乾隆皇帝两次接见英国使团。乔治·迈卡尼勋爵代表大英帝国提出以下请求：在北京长驻外交使节；取消进出口关税；开放更多的贸易口岸；允许英国传教士在中国自由传教。所有要求均被回绝。乔治·迈卡尼勋爵被告知，天朝大国不需要英国商品。

从承德返回北京的途中，英国使团再次造访古北口长城，此时，长城在他们的眼中成了中国闭关自守的象征。为了清除这个障碍，英国将不惜诉诸武力。然而，帕里什上尉却用颜料、量尺和鹅毛笔向外部世界多方面、详尽地展示了长城的面貌。特别值得一提的是这位英国军官创作的古北口长城水彩画，成了长城美术作品的经典之作；许多人被这幅画倾倒，这幅画还被制作成大幅铜版画，用做乔治·斯汤顿爵士所著《大不列颠国王使臣觐见中国皇帝中国实录》一书的插图。然而，他描绘的长城是否准确？如果准确的话，那么准确程度如何？

直到2006年，仍有人在一本书中对帕里什上尉创作的古北口长城水彩画进行评述，然而这评述相当轻率："…对于纵目望去点缀群山的长城，威廉·帕里什匆忙之间用一种花里胡哨的浪漫画风进行了描绘。在他的画面上，长城敌楼被'艺术'地糟蹋了，正方形的长城基石也被歪曲。"

为了澄清事实真相，我在伦敦反复搜寻，终于找到了被大英图书馆收藏的这幅画的原作，以后我带着它的复制品来到帕里什描绘的那个地点。现场考察表明，帕里什对长城的描绘岂止"相当准确"，而是非常精确。这幅画不愧为精确描绘长城的最早的艺术作品。

这个精彩的画面向西展示潮河两岸的长城。放大镜下，能看到河上有一条小船，西面远处的山崖下有两座并立敌楼——这，就是姊妹楼（见第224页）。

帕里什的古北口水彩画，精确地再现了卧虎山的形象，特别是从各个敌楼到标高665米的山顶的那些弯弯曲曲的小路，其精确更是令观者叹服。帕里什还绘制了相当精确的古北口长城及其敌楼的平面图、立视图和剖面图。此外他还测到了一整套数据，从长城砖的尺寸到长城的高度，从拱门的宽度到射孔、垛口的大小及其分布密度应有尽有（见第218-219页）。

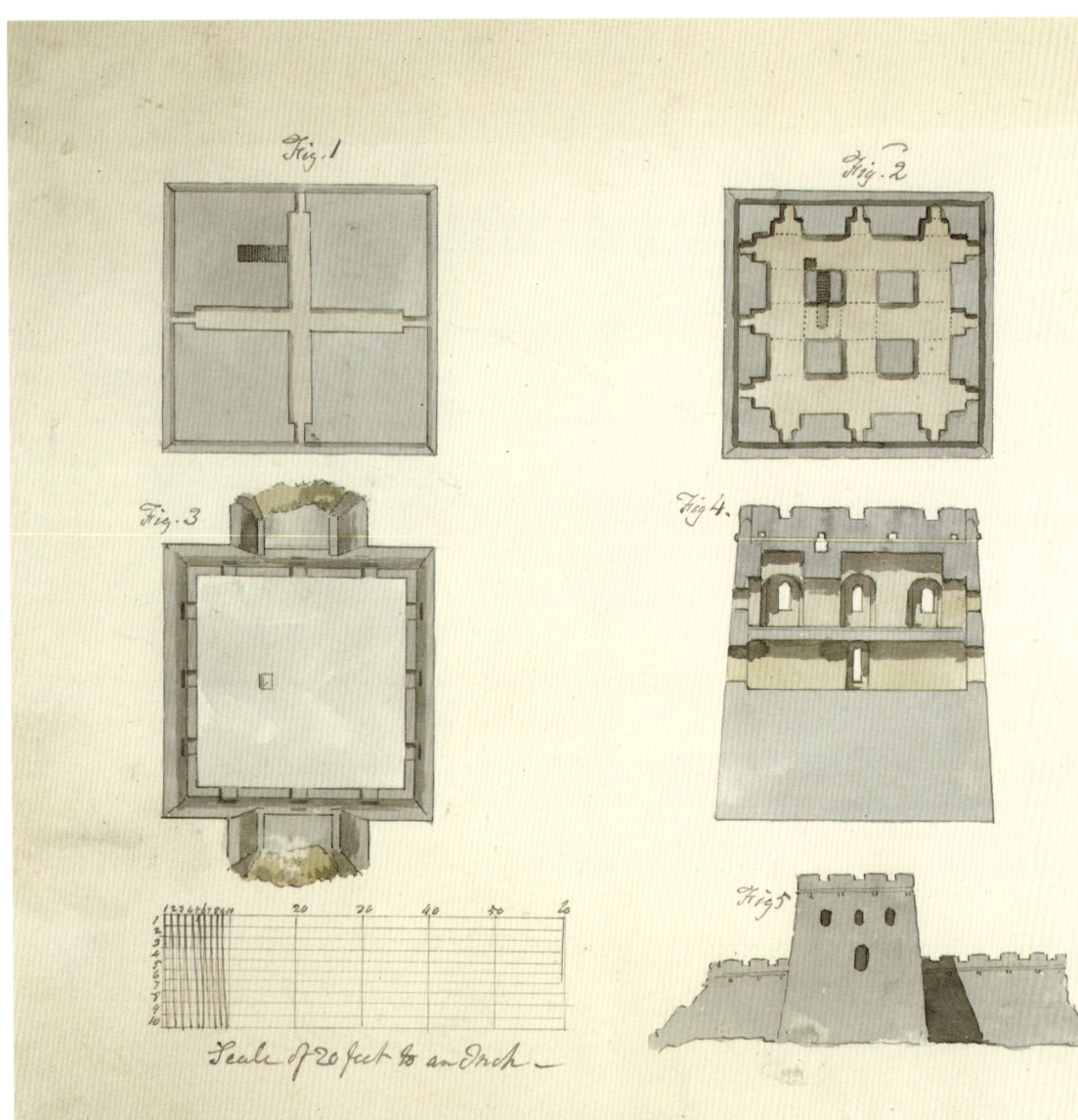

1793年威廉·帕里什上尉在古北口画的速写和他的现场考察记录（左右）

古北口的庙宇和古北口城

上世纪20年代拍摄的这幅老照片，不仅让我们看到了古北口老城的原貌，而且生动地显示了潮河谷地作为战略要地的重要性。作为形象资料，这幅老照片非常珍贵。从它的画面上，我们看到在这个颇具规模的城镇，古老的长城与当代建筑融为一炉。

这幅照片是在古北口城墙的高处向北拍摄的。照片中部右手（方向是东）的近景是古北口城，一个人口相当稠密的居民点。背景右方有三座庙宇，济公庙在照片右边远处，财神庙在照片左下方，药王庙离拍摄地点只有100米。在古北口，我们找到了84岁高龄的见证人吕文财。我们对他的长寿表示祝贺。他回答说他长寿的奥秘有两个，一是本人精神振作，二是古北口一带的水特别多，而且特别清洁，常年喝这里的水自然长寿。他告诉我古北口是"一步三眼井，一步三座庙，琉璃影壁靠大道。"

站在左手方向的山上，我们能看到长城这"长蛇"沿山脊蜿蜒而下，"蛇头"伸到潮河水边，我们也能看见潮河边姊妹楼的倩影。向东看，右手方向是几座水门构成的防御系统。可以想象，当年这些水门足以防止入侵之敌顺着潮河冲进古北口城，而河水的奔流丝毫不受影响。在这老照片的右上方，紧靠古北口城北面，我们看到长城在潮河岸边与潮河平行向前延伸。除古北口外，我在这一带还重摄了另外两处长城。（见第231和第233页）

从重摄的照片看出，古北口古城的原貌基本上没有变化，三座庙保存都比较完好。这里的长城总体状况良好，可惜姊妹楼遭到彻底破坏，如今不见踪影。潮河东岸的长城看来也不像过去那样雄伟。关于姊妹楼和这段长城的厄运，（见第225和第227页）

古北口的庙宇和古北口城 20世纪20年代后期拍摄的银骨胶照片，15×10.5厘米，拍摄者不详

古北口的庙宇和古北口城 威廉·林赛摄于2006年

KUPEIKOU

Just beyond the Great Wall behind Peking, the stage of Kupeikou is situated, the first stage on the northward route outside the Wall. It stands along the Chao river. The sight of the Great Wall creeping along the top of the range of hills rising on the river bank tells tales of many pillages and raids by the "Northern Barbarians." The contrast between the Peking, the Center of the Chinese civilization, and Kupeikou, somber and solitary, with the Great Wall intervening, seems to speak eloquently of China's history for 2,000 years past.

上图老照片背面的说明文字

姊妹楼

吕文财大爷仔细审视75年前拍摄的姊妹楼照片,嘟嘟囔囔地说"姊妹楼不见了,都破坏了!"姊妹楼是一大、一小并肩屹立俯视山下潮河的两座烽火楼。就建筑特点而言,姊妹楼在众多长城建筑物中独一无二。

吕文财居住的西水峪村,距姊妹楼仅200米。他说抗日战争(1937-1945年)期间,中国军队在姊妹楼中设立了机枪阵地,抵御入侵日军,姊妹楼遭到日军轰炸——这是姊妹楼首次遭到破坏。20世纪70年代初,解放军在这里的山谷中修铁路,他们拆下姊妹楼和附近长城的砖用以修建临时营房,使姊妹楼再次遭到破坏。

在向我们介绍周围长城的时候,吕大爷说:"部队撤离后,附近农民纷纷把长城砖拣回家修院墙、垒牲口圈。要是有一天国家有钱把姊妹楼重建起来那就好了。"

吕文财的回忆,使打算重摄姊妹楼的我感到沮丧。姊妹楼的老照片是1930年左右拍摄的,照片背面有"A. H. Fung"的字样,字迹潦草。有趣的是,照片的说明把姊妹楼误称为屹立在海边的长城重镇山海关。我对拍摄者的情况一无所知。不过,可以肯定,在照片背面写字的和拍摄照片的不会是同一个人。在照片背面写字的那个人看见照片上从姊妹楼身边流过的河水,便想当然地认为这是老龙头。重摄的照片显示,不仅姊妹楼没有了,潮河也消失了——由于人们在河床上过度采沙取石,终于导致潮河改道。

我在这一带重摄长城之后,姊妹楼被纳入古北口长城保护区。当地镇政府在努力恢复此处有山有水的历史景观。这就再次证实了这样一个道理:"不变"是暂时的,而"变"是永恒的。

吕大爷 威廉·林赛拍摄

右页图:吕文财对我们说:"姊妹楼不见了!"

万里长城 百年回望　从玉门关到老龙头

姊妹楼 威廉·林赛摄于2004年

左页图：姊妹楼 20世纪30年代初拍摄的银骨胶照片（手工着色，24.7×19.5厘米）。拍摄者不详
图片来自名为A.H. Fung的照相馆

古北口

姊妹楼的河边倩影

这幅姊妹楼中景照片,是赫尔曼·康斯坦1928年拍摄的。两座建筑物并肩屹立,这在长城全线都十分少见。对于姊妹楼并肩屹立,存在着好几种说法。其中一种认为,双楼并肩屹立,突出说明此处是战略要地。建设两座并立的敌楼,是为了让更多的士兵驻扎以应对紧急情况。另一个说法是大的那座用于屯兵,小的用于储存武器、给养。

当地有这样一个传说:一家姓马的有两个女儿,尽管姐妹俩相差好几岁,长相却像是孪生,只是一个个头高些,一个个头矮些。姐妹俩中的一个认识了受蓟镇总兵戚继光委派前来此地规划卧虎山防御工事的军官洪西(音译)。这里的河床既宽阔又平坦,易攻难守,难倒了洪西。于是姐妹俩中认识洪西的那个便建议修两座一模一样、一大一小的敌楼,就像她们两姊妹一样。洪西决定照办,因为这个建议从战略角度看不仅符合逻辑,而且在长城沿线独一无二,似乎是个解决问题的可行办法。因为这建议是两个姑娘中的一个提出的,洪西就把这两座敌楼命名为"姊妹楼"。

这故事是真还是假暂且不论,可以肯定这种双楼并立的建筑物在长城沿线即使不是独一无二,也应当说极为少见。如此修建防御工事有助于增强守军的火力从而增加获胜的机会,而且长官前来视察时也会成为他们谈论的话题。

赫尔曼·康斯坦(1907年拍摄 29岁)

姊妹楼的河边倩影 威廉.林赛摄于2006年

姊妹楼的河边倩影 1928年赫尔曼·康斯坦拍摄

古北口

卧虎山

1914年2月,弗雷德里克·克拉普从山海关出发,4月造访古北口长城。目睹此处长城之壮美,他写道:

4月的一天,我们终于离古北口不远了。纵目望去,只见温暖宜人的春风中麦田鲜绿,春菜肥美,紫罗兰、蒲公英等野花满山怒放。中午时分,我们看到在高低起伏的山脊上,彼此相连的敌楼形成一条曲线向前延伸,最后在远处的群山中消失。下午2时,我们已经接近了位于潮河谷地的长城,各种敌楼、烽火台等等尽收眼底。只见长城像是一条砖石长蛇,从一座山脊蜿蜒爬向另一座山脊。长城几乎全天没有离开我们的视野,敌楼和烽火台在蓝天下屹立,构成了一幅精美的立体画。

从他拍摄的照片上,可以看到潮河水在卧虎山下蜿蜒流淌。90年后,我来到这位美国地质学家曾经为之惊叹的地方,重摄这里的长城,却发现为了满足对建筑材料的巨大需求,人们在大量挖取河里的沙石,使河道遭到破坏。

重摄古北口后,我进行了跟踪考察。我发现,对长城景观因过度挖沙采石而遭到的破坏,人们正在采取工程措施予以补救。

卧虎山 1914年弗雷德里克·克拉普拍摄

右页图: 卧虎山 威廉·林赛摄于2006年

北门口

92岁的刘永平老人告诉我北门口在哪里

根据老照片背后的说明，北门口应当在古北口。然而，在参与长城重摄项目的专家中，没有一个能确定北门口的准确位置。当地人也说不准，有人说北门口在这里，有人说北门口在那里。当时，我正在从山坡上的一座庙宇拍摄古北口古城全景，很多群众围观，他们都想看老照片，从而了解祖辈居住的古北口是什么样子。

我手中的北门口老照片，是赫尔曼·康斯坦在从北京到蒙古的途中拍摄的，时为1928年。我重摄古北口的时候，发现当年的北门口一带的敌楼都成了一堆堆的乱石。为了修建北京至内蒙的主要陆路交通要道101国道，老照片上左手部分显示的潮河河床已被填埋。北门口早就被拆除，原先是北门口的地方，如今修了一条马路，直通附近一个村庄——北门村。北门口城楼上和城楼后面的长城工事也都不见了。

在北门村，我找到了正在晒太阳的刘老先生。92岁的刘老先生依旧记得北门口当年的面貌。他指着老照片上的一个人说："瞧，这可能就是我！"老先生可能没说错，赫尔曼·康斯坦拍摄这照片的时候，他已经14岁了。

古北口

北门口 1928年，赫尔曼·康斯坦拍摄

北门口 威廉·林赛摄于2006年

二道门

弗雷德里克·克拉普1914年拍摄的这幅照片比较罕见,这幅照片把前景和背景融合在一起,背景是连成一条曲线的几座长城敌楼,前景是一段笔直的长城。画面背景中有一座突出的敌楼,与上面有工事的墙联为一体。前景中的长城横亘在背景前,这段长城有城门。人们认为,这段长城可能是古北口老城墙的一部分。

根据老照片的文字说明这里就是古北口。幸亏刘老先生帮助了我。老先生说:"这是二道门,也就是当年来古北口的人们看到的第二道门,我带你去看看。"当时,村里的男女老少都来了,他们感到好奇:为什么这位带着老照片的外国摄影师对老先生的话这样感兴趣。我对围观的人们说:"老人是个宝;没有老人,历史遗迹难寻找。"

刘老先生登上自己的三轮车,从村子里的一条小路来到河边,接着穿过一些农家院落;我看到,这些院落都有农民用长城砖搭建的属于他们自己的"长城"。接着左拐,来到当年的北门。在公路上走的时候,不断有大卡车响着震耳欲聋的喇叭从我们身边飞驰而过。我们终于到达了目的地,刘老先生说:"这儿就是当年的二道门——瞧,城楼不见了,城墙也没了,全没了!"

1914年4月,弗雷德里克·克拉普在一个春风和煦的下午拍摄了古北口,而眼下的我却无法走到他拍摄照片的那个地方。此处的潮河河岸已经支离破碎,河道上到处堆放着沙石,到处是挖取沙石遗留的死水坑,因此我无法站在克拉普当年拍摄照片的那个点上重摄

二道门 1914年,弗雷德里克·克拉普摄

二道门,而只能尽可能靠近那个点。刘老先生说:只要能拍上长城的残迹,就能对大伙儿说这里曾经是长城。

古北口

二道门 威廉·林赛摄于2006年

河北遵化罗文峪："盖尔楼"

也许是命运使然，先后有两个同名的男人实现了相似的梦想——对中国的万里长城进行具有重要意义的全线考察。这两个人都叫威廉，一个是威廉·盖尔，另一个是我。两个威廉分别在1907年至1908年和1987年完成了各自的长城探险，而且都把自己的经历写进各自的书中。威廉·盖尔把自己拍摄的罗文峪敌楼照片用在1909年出版的《中国长城》一书中；我在1989年出版的《独步长城》一书中，有一幅自拍照，背景也是罗文峪敌楼。只要对比两个威廉在同一个地点"不约而同"拍摄的照片，就不难发现罗文峪这个敌楼从我的照片上消失了。我于是把这座敌楼叫做"盖尔楼"，因为威廉·盖尔很可能是把它定格在照片上的第一人。

这种不期而至的"合作"，以及对80年来罗文峪长城变化的思考，促使我广泛收集长城老照片，从而把广大区域内的长城今昔变化系统地记录下来。在这样的背景下，长城重摄项目于2004年正式启动。

两个威廉拍摄的都是河北省遵化县罗文峪长城。1907年威廉·盖尔在这里拍摄，把它叫做"骡马关"；1987年我前来拍摄，当然已经知道这里是罗文峪。

河北遵化罗文峪："盖尔楼" 1907年，威廉·盖尔自拍

古北口

河北遵化罗文峪:"盖尔楼" 1987年,威廉•林赛"不经意"中发现自己和威廉•盖尔拍摄过同一个地点的长城。由此,他意识到宣传长城保护,老照片能够发挥重要作用

山海关

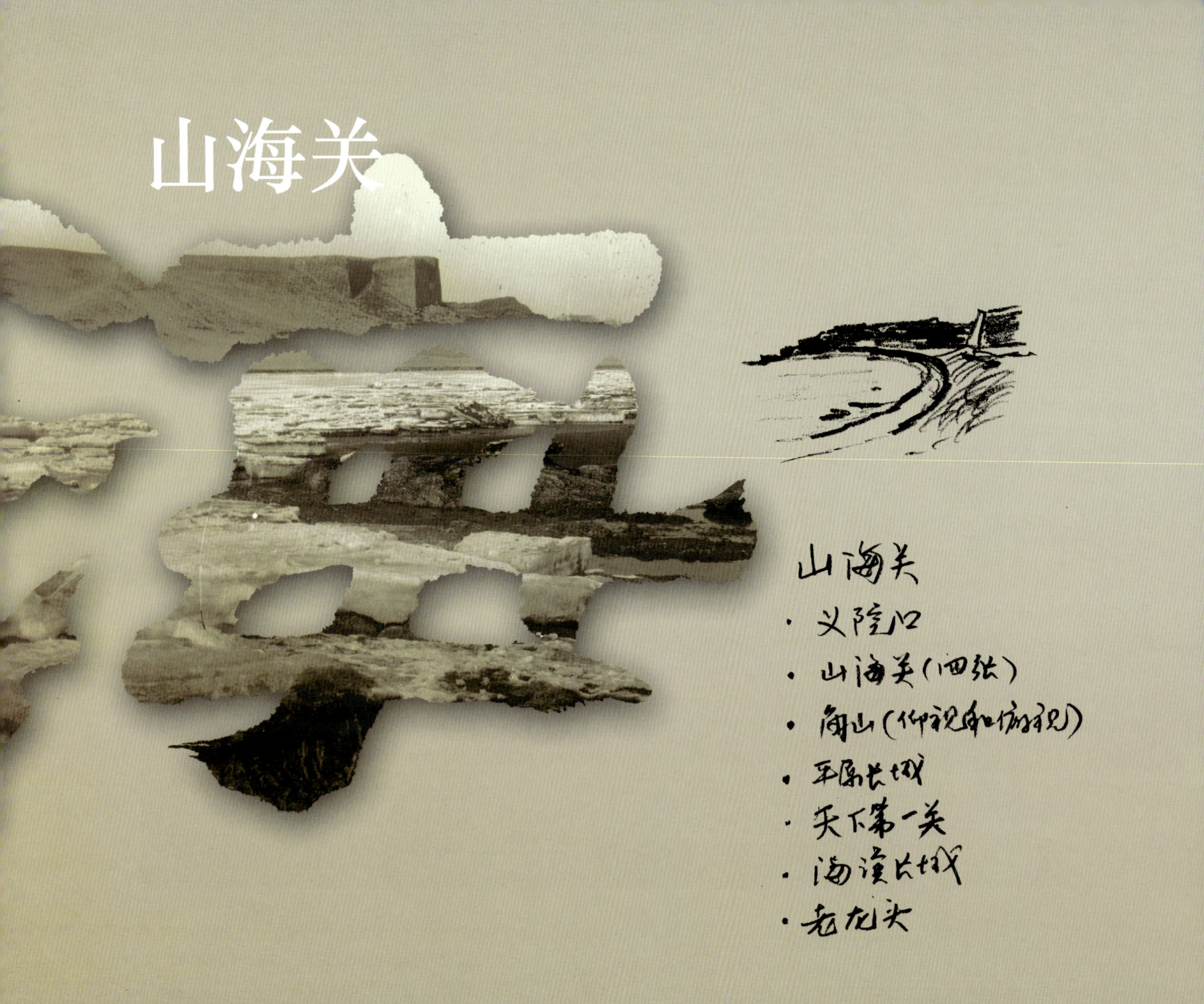

山海关
- 义院口
- 山海关（四张）
- 角山（仰视和俯视）
- 平原长城
- 天下第一关
- 海滨长城
- 老龙头

万里长城濒临渤海的第一个雄关——山海关老龙头。图为1987年重修后的老龙头

渤海与河北省东北部的燕山山脉之间有一块沿海平原，山海关恰好位于这块平原的最狭窄的部位。"山海关"的意思是"依山傍海的关口"，它准确地勾画出这一带的地形特点。历史上，山海关是中国东北游牧民族进入华北的必经之路，历代都认为山海关是最重要的战略要地之一，必须构筑严密的防御体系加以防守，力求做到万无一失。

山海关以长城遗存品种繁多、数量巨大而闻名。老龙头耸立在海岸线以外，山海关城楼上的"天下第一关"五个大字格外醒目，这里还有"万里长城第一山"的角山。在角山上向东看，山和海之间大约10公里宽的平原尽收眼底。晚明时期，从1614年到1620年，为了应对关外满洲兴起对边防造成的威胁，朝廷着手修建从山海关到中朝界河鸭绿江的长城。这段长城，就是人们所说的"万里长城的辽东延长线"。

准确地说，山海关是明长城濒临渤海的东部第一座雄关。山海关毫无疑问是长城沿线最重要的关隘之一。山海关长城是明长城中最古老的地段之一。早在洪武14年（1381年），明朝大将徐达就奉命来山海关监造长城。在此之前，徐达打退了元朝残余势力对北方的袭扰，把他们赶回蒙古草原，因此被封为"镇房大将军"。在此之后的250多年中，山海关长城防御体系不断完善。16世纪中后期，在戚继光将军领导下明朝军民将之进一步完善。

今天，山海关与长城历史的不解之缘仍随处可见。在这一带，长城这条令人敬畏的巨龙从山海关蜿蜒爬至角山之巅。山海关城郊区的玉米地中，耸立着当年曾经是长城，现在已被灌木丛和野草完全覆盖的土墩，看上去像是裹在鲜绿色的天鹅绒中。此外，山海关城堡四周被高高的砖墙环围，城楼、牌坊不时可见。

只要在这个古老的城堡周围走一走，就不难发现长城的历史变迁的佐证。在有些地段，长城砖上刻有烧制日期的钤文，表明多数长城砖是万历（1573－1620年）年间生产的。大段、大段的长城上破碎的墙砖，是咸湿的海风使长城不断老化的见证。此外，人们还不时发现颇似地质断层的裂痕，突然发生的地壳运动显然也对长城造成了破坏。

人为的破坏，主要来自20世纪早期发生的战争。19、20世纪之交，试图肢解中国的八国联军在山海关一带与中国武装力量交战。1933年，日本在并吞东北后派兵南侵华北，山海关一带成了重要的战场。战争使长城伤痕累累，给成千上万块长城砖上留下了弹痕，许多长城建筑物遭到炮击，要么被严重破坏，要么完全倒塌。

山海关是不是长城的终点？围绕这个问题，学术界已经没有争论。但是，颇具讽刺意味的是就在山海关，长城作为边防军事重镇的历史作用走到了终点。那是1644年，驻守山海关的明朝军事统帅吴三桂把山海关拱手献给满洲人，让南下入关的满洲军队进入我们重摄过的山海关服远门（见第254页）。当时，李自成领导的农民起义军已经占领北京，崇祯皇帝自杀，明朝已被推翻。在这种情况下，吴三桂决定与关外游牧民族结盟共同镇压李自成农民起义。

由于吴三桂与满洲的结盟，清朝（1644-1919年）得以迅速建立，并在北京设立首都。在中国各朝代中，清朝是统治时间最长的王朝之一。清朝以前的各朝代无不在研究是否保留从前朝继承下来的边防体系——长城。满族人是游牧民族，却采用了较为主动的政策从而一劳永逸地解决另一个游牧民族——蒙古族袭扰华北的问题。

清朝皇帝经常从京城出发，去他们的关外老家拜谒祖陵，来回都要路过山海关。每次路过山海关，他们都要逗留几天，欣赏海边的美景，享受对身体有益的海风。除皇家成员外，那时山海关吸引的游客主要是乘船来到这里的外国人。我们在山海关重摄时用的老照片，都是外国人拍摄的。

天下第一关激战 1933年意大利La Domenica del Corriere报刊登的一幅画

"斯迈思先生":山海关老龙头一瞥

素描《从海上看中国长城》。画面实际上是从海上看到的老龙头
1850年"斯迈思先生"画

1850年6月13日:从老龙头登岸后的一天

1907年春季的一天,威廉·盖尔来到老龙头。那时,老龙头早已毁坏,除了"一堆散落的石块表明深入大海的老龙头曾经存在过"以外,威廉·盖尔什么也没有看见。他写道,若干年前的夏季,"某些欧洲强国的军队"破坏了海岸线以外的老龙头,"使这个本来祥和的地方多了几分杀气"。威廉·盖尔来晚了,没能来得及用相机留下老龙头完整的形象。不过,在他之前的1850年,一位被人们称为"斯迈思先生"(Mr Smythe)的画家用画笔给我们留下了老龙头的原貌。他的系列素描发表在伦敦《插图新闻报》,这些图画生动地再现了老龙头1900年遭到破坏前的真实面貌。

素描《从第二座敌楼顶上看到的岸上景象》
1850年"斯迈思先生"画

大清钦命直隶清河道前任浙江宁绍台道陈之骥拜

山海关

斯迈思是乘坐雷纳德号轮船来到山海关的。他事后回忆说，
"13日清晨，雷纳德号在距离长城仅3寻即不到一公里的海上锚泊。" 伦敦《插图新闻报》为他的速写画配发了一位无名记者撰写的文章，对当时的老龙头进行了详尽的描述：

从船上看过去，长城的终点像是一座长约300码的城堡，城堡的南墙上有巨大的城门，紧靠城门地方，城墙与大海之间有一座永久性的神龛或庙宇，城堡北端以外有一座两层的现代营房设施，紧下面是朝着大海过来的长城。

早晨10点，一大批乘客下船，登上营房右面陡峭的沙丘。迎接我们的是一位身穿白纽扣制服的中国人和一小队士兵。他们礼貌周全地说我们可以自由自在地游览长城。于是我们就很快走过城堡旁的斜坡登上长城，来到一个边长大约60英尺、青砖铺地的长方形平台。从其显而易见的古旧面貌和保存状况看，这座建筑物可能就是长城的终点。伸入海里的那段较低的长城已经是一堆被海沙掩埋一半的废墟，可能是由于海浪年复一年地拍打，这段较晚修建的长城看来不那么结实。

置身于平台的我们，首先注意到这里有三块黑色大石碑，其中两块贴墙立着，另一块已经脱离底座。这底座像是躺在地上的神龛，上面雕着一些古怪的花纹。一块立着的石碑上刻有这样一句话："天开海岳"，另一块石碑上的字是"沧海一粟"。第二块石碑上的文字究竟何所指，我们无论如何也弄不明白——也许是指渤海湾平静的海水？还是说长城尽管规模巨大，与造世主的创造相比却微不足道？由于此次造访长城的时间有限，地面上那块石碑上雕刻的长文只好留待以后破解。

告别平台后，接着拾级而上，来到这城堡的顶部。途中经过一段下坡，那座相当破旧的营房式建筑就在坡上。我们在城上行走时候，发现大约800码长的一段已经破烂不堪，头里那部分简直与一堵沙墙差不多。这段长城已经破碎，每隔一段就有一座有沦为废墟的敌楼。

从距这一段大约一英里处起，长城的状况有所好转。这里的长城宽39英尺，平台覆盖着绿苔，上面长着五颜六色的野花。这堵大墙面对鞑靼方向，基础是精心打磨的岩块，青砖砌就的墙面向上形成坡度。墙高35英尺，胸墙高7英尺、厚18英寸，每隔8至13英尺就有一个不大的射孔。

长城两侧每隔200至500码就有一座52英尺高、占地45平方英尺的敌楼。我们研究了其中一座。这座敌楼有通往长城的大石拱形通

素描《第二座敌楼》现在，这段长城已经没有敌楼了。
1850年"斯迈思先生"画

道，通道6.5英尺高，3.5英尺宽。拱道的建筑方式相当出色，中国建造拱门、拱道，早就不用拱顶石了。拱道内右边有通往楼顶的阶梯。敌楼是平顶，与长城一样有胸墙。楼体用拱石勾心斗角建成，两块拱石之间是射孔，每边有三个面朝外的射孔。从形制看，任何一种火炮都不可能从这些射孔朝外面开火，因为它们是供弓箭手和

素描《长城东端的碑记》，共有3块碑，其中两块碑上的文字被英国游客记录下来，第三块碑倒在地上，上面的文字最长。游览老龙头岸上部分后，英国游客也想把这第三块碑上的文字记录下来，比如说做拓片。但是没等动手就接到了当地官员要他们离开的命令。1850年"斯迈思先生"画

持长矛的士兵使用的。面对中国的这一面没有胸墙，不过一些较为低矮的敌楼上有胸墙。这类敌楼夹在面对鞑靼方向的敌楼中间，而且也不是拱形建筑。

这座敌楼，是长城登陆后的第二座。从这里开始，长城先向正北后向西北蜿蜒爬行，其中大约三英里长的一段穿越高低不平的原野，看来已经崩塌。长城在这里突然向西南转弯，从一个叫做"山海卫"的大城镇旁穿过，接着向上，像是一条巨大的龙，在平均高约3000英尺山脊上爬行，忽而向上，忽而朝下，最后在这山脉的顶峰上消失。

长城穿越的原野景色宜人，大地从海边开始缓慢升高，直到山脚下。这里到处是绿树，关内这部分看来人口稠密，关外那部分也是平川，不过地形有些高低不平。纵目远望，耕作精细的土地尽收眼底，其间有不少村庄，村里的房子外表很像我们国家的公共马车。在这个地区，穿过长城的唯一城门是距海边三英里的山海关。我们本想造访这座城门，却由于当地人阻挡未能如愿。在长城闲逛时，我们注意到有一队中国士兵骑马从山海关城门出来，朝着老龙头的方向前进。我们猜想，这些士兵可能只是在我们离开前最后看我们一眼，因此就没太注意他们的意图。然而，只走了一英里半就被三名中国官员拦住了，对我们说山海卫都统已经来到老龙头，他希望我们不要再往前走。于是我们只好遵命走下长城，穿过田野回到老龙头。在老龙头，我们看到了这位将军和他的一大群随从，既有官员也有士兵，熙熙攘攘，令人心烦。这个阵容当然也打破了我们抄录第三块碑文的行动，碑文很长，肯定包含许多有趣的信息，可惜做不到了。尽管不无遗憾，对于能够多少看到这里的长城，我们还是感到庆幸的。假如这位将军早到一会儿，我们能不能上岸恐怕都难说了。我们回到船上，对于此行的成果颇为满意，因为今天看到的长城恐怕之前任何欧洲人都没有见过。此外，根据中国与外国签订的条约，这一带仍没有开放，因此也许再过许多年后，才可能有其他英国人前来观赏这里的长城。下午3时，我们的船拔锚起航。天还没黑，中国的万里长城就从我们的视野消失了。

抚宁县义院口

这幅老照片背面有"中国万里长城"的字样,对于我们,这是典型的"无用线索",许多帮我们寻找这幅老照片拍摄地点的专家对此也爱莫能助。乍看上去,照片上的山有点儿像角山。这幅照片是与两幅角山老照片一起拍卖的,因此关于这座山可能是角山的猜想似乎有道理。但是仔细审视发现这不是角山,于是我们下定决心找到它,把它纳入我们的研究范围。

经过仔细研究,我们感到这幅老照片可能是某位旅行者在北京与山海关之间某个地方拍摄的。它的构图非常美,充分展现了这位20世纪30年代的无名摄影家高超的摄影技巧。这位摄影家可能是走小路到此拍摄这照片的,如果是这样的话,他的大部分行李应当是专业摄影器材。

最后还是长城专家成大林辨认出这幅老照片的拍摄地点是抚宁县义院口。成大林自己曾经在这里拍过照片,拍摄地点与老照片大体相同。义院口是抚宁县境内一个相对不太重要的关隘,从山海关到这里开车大约需要两个小时。

义院口老照片上有六座敌楼,其中三座现状良好,围墙内的一切也大体保持原样。老照片上方的第四座敌楼有一块石碑,这石碑仍在。山坡上的长城工事现状也不错。

尽管如此,与其他地方的长城一样,这里的长城在人和自然双重作用下也发生了一些变化。人为的破坏,加上自然损毁,不少地

抚宁县义院口 上世纪20年代末拍摄的银骨胶照片, 27.2×21厘米 拍摄者不详

方的长城在20世纪崩塌。

义院口山上高处的长城保存较好,而低处的长城则遭到了相当程度的破坏。为了获取现成的建筑材料,当地农民不惜把低处的长城拆掉。整体上说,在这里蜿蜒的长城仍然能构成一条线,但是低处的长城建筑物已不见踪影,高处长城的狭窄部分已经失去了原有的形态,上面长满了野草。

抚宁县义院口 威廉·林赛摄于2006年

万里长城 百年回望　从玉门关到老龙头

山海关　20世纪20年代银骨胶照片，27.2×21厘米，拍摄者不详

山海关　威廉·林赛摄于1986年

山海关　威廉·林赛摄于1987年

四张山海关系列照

这些照片中，最早的拍摄于20世纪20年代，拍摄者不详。20世纪80年代后期，我重摄了这老照片显示的地方。新旧照片都是山海关鸟瞰图，再现了山海关一带的地理风貌。山海关在濒临渤海的平原上，画面上方是渤海湾的海岸线。

20年代的老照片让我们看到了从角山到山海关这段砖石长城的原貌。请看细部照片：这段长城的敌楼在画面上相当突出，它们面向北方，基础部分有城台支撑。画面上还有山海关的主要敌楼，画面左手是它的北墙。大部分建筑物分布在城堡的围墙里。在画面的上方以及山海关外，长城绵绵不断地蜿蜒爬行到它的终端老龙头，其间只有一处被铁路线穿越。

1986年8月，我来到这段长城。从我新拍的照片上，可以看到从角山脚下向上到1号敌楼的长城已经修缮。重摄的时候正值夏季，这个时候满山的植物特别茂密，因此很难显示角山下平原地区发生的变化。然而，山海关城墙外的建筑物显然多了起来。此外，清晨的炊烟污染了这里的空气，还使长城变得不那么清晰。

1987年12月我再次来这里时，发现照片前景中的长城又有150米得到修复。平原长城的砖砌表面看来不见了，此外又有两处被金属步行桥连接。城墙外的大量建筑物清楚地显示，山海关城的规模扩大了。

2006年的山海关长城修缮工程早已结束，这就为我们把老照片上的4个地方全部拍完创造了条件。

山海关 范洪亮摄于2006年

角山

角山 拍摄于20世纪20年代,拍摄者不详

角山 威廉·林赛摄于2004年

这里有两幅高质量的银胶版印制画,均选自一本有12幅系列照片的个人像册,这些照片附有英文说明。相册可能属于一名英国水手,照片拍摄于20世纪20年代初。

照片是船上一位有相机的高级船员拍摄的,照片的英文说明也出自这位高级船员之手。根据说明,我们知道这条船的全体水手正在游览长城登岸后经过的第一座山峰,即山海关以西四公里处的角山。1924至1926年,英国军队在这一带相当活跃。

让我们看第一幅照片,画面是从角山向上拍摄的长城1号敌楼,敌楼前有几名英国水手与中国导游合影。从长城的外墙看,那时长城上的工事只是部分完好。

第二幅照片是在第一幅照片画面上面约30米拍摄的,而拍摄方向与第一幅相反,是朝着山下的平原拍的。这幅照片显示,较低处长城工事的状况更糟。山脚下,20多头骡子在吃草。那时前来角山的游客全部来自锚泊在海岸线以外的轮船或者岸上的军营,十之八九可能来自老龙头。到角山游玩,骡子是唯一的交通工具。

角山 拍摄于20世纪20年代，拍摄者不详

角山 威廉·林赛摄于2004年

我们在此地重摄的照片显示，在邓小平"爱我中华，修我长城"的号召下，角山长城已被修复。这个工程于1984年启动，先从山脚下的长城建筑物修起，随后向上修，用了几年时间才完工。

角山长城的修复，遵循关于联合国教科文组织关于世界遗产修复工程的威尼斯公约规定的指导方针。现在，只要看看砖的颜色，就能区分角山长城重修的部分。新砖是灰色的，而老砖是暗黄色。但是人们把白色电线拉上角山，在长城建筑物的压顶石上接了很大的灯泡；角山原先很难攀登，现在山上修了金属扶梯，还修了登山路。

万里长城 百年回望 从玉门关到老龙头

海滨平原上的长城　拍摄于20世纪20年代,拍摄者不详

海滨平原上的长城

海滨平原上的长城 范洪亮摄于2006年

这老照片是在角山下向上拍摄的。除这幅照片外,作者还拍摄过义院口(关于角山和义院口,分别见本书第244页和第246页)。这是一幅难得的老照片,画面上,万里长城穿过角山与山海关城之间的海滨平原。

画面右手远处长城的外墙全部用砖砌就,墙体状况良好,垛口完好无损。画面上的敌楼向外突出,但它的上层建筑已经崩塌。在这里,长城从海滨平原的缺口处向外延伸登上角山。

重访此地,我们发现画面上近处的敌楼已经损毁。早在20世纪20年代,残垣断壁就被野草覆盖,经过清理,人们能看到用经过雕凿的石块建成的敌楼基础。新照片上敌楼与海滨平原缺口之间的透视距离缩短了一些,这是因为新老照片拍摄时使用的焦距不同。

天下第一关

老照片的说明是"山海关的大门",背面有"在这里发生过最激烈的战斗"的字样。照片的画面是悬挂着"天下第一关"横匾的山海关城楼。

山海关城墙周长4.7公里,"天下第一关"是最重要也是最有名的城楼。老照片左方背景显示城门的入口处,可以看到它的标志物——石头狮子和坡道。坡道通往一所学校,明朝的时候,这学校是一处庙宇。一条道路穿过拱形城门,这条路用经过打凿的石块铺就。右面城墙上有五块彩色广告牌。一个外国人在这城门下面摆好姿势照相。这个外国人头戴帽子,穿一条马裤,上身是衬衫,还扎着领带。在他照相的时候,有个中国男人和一个男孩从旁边走过。

原山海关长城博物馆馆长王雪农先生说,明长城与大海相连的终端——山海关不同于一般的长城关口。山海关是一个完整而严密的古代军事防御体系中的典范之作。山海关的标志性建筑"天下第一关"城楼建于公元1381年,明清两代都经过多次修缮。从这张约摄于清末的关前风貌摄影作品看,城楼似乎刚刚经过一次较大规模的修缮。其后百年间,这座关城又经历了岁月剥蚀和战火创伤。令人告慰的是20世纪末维修后的城楼,基本上还保存着百年前的风貌。但是关前的衙署和衙署门前的石狮子却不在了。

王雪农认为,历史是有机完整的,构成历史的不仅仅是文物本身,还包括文物古迹周围的历史风貌。

天下第一关 1905年用红褐色照片制作的明信片,13.5×8.5厘米,写信的人名叫"Harold"。

山海关

天下第一关 威廉·林赛摄于2004年

服远门

服远门 亚当•沃里克摄于1922年

服远门 威廉•林赛摄于2004年

　　这幅老照片发表在1923年某期美国《国家地理》杂志上，是为一篇题为《中国万里长城》的文章配发的。照片拍摄者就是文章作者亚当•沃里克。照片的说明是"万里长城第一关——山海关的城门"。

　　"山海关城门"，其实是山海关外城（东罗城）的东城门，正式名称是"服远门"，即从东面进入山海关城的第一道城门。走

服远门 威廉·林赛摄于2006年6月

服远门 威廉·林赛摄于2006年11月

进城门,你会看到正面拱门的上方有一块青色的石匾,石匾上刻着"山海关"三个大字。山海关有许多长城遗迹,服远门只是其中之一。老照片显示的画面可能是1922年某个时候的服远门,是文章作者应美国国家地理学会的要求返回华盛顿前拍摄的。照片的拍摄角度清楚地显示服远门与长城之间的空间关系:城楼上有壁阶,这样守军就能在面向城外的墙面上方点燃烽火。从照片上还可以看到城楼的上层建筑,特别值得一提的是城楼左方房檐上的瓦和木质椽子仍然完整。过去,城楼下的拱门是人们进出山海关城的唯一通道。

从这老照片上可以看到城门两边的城墙。左面城墙上的砖已经成片脱落,墙内的砌砖一览无余。照片右面的城墙和突出的城台有些向后缩。照片上的城门口被水淹了,可能是此地刚刚下过倾盆大雨;我们还能看到城门下有一处简陋的棚屋,还有赶牲口的骡夫。

万里长城 百年回望 从玉门关到老龙头

重建服远门的建筑工人 2006年威廉·林赛拍摄

2004年6月我们首次重摄山海关时,发现服远门有些破损。城门右边的城墙大体完整,但是为了修一条进城的路,左边的城墙已被拆除。新路替代了原先进出山海关城的唯一通道——那座狭窄的老城门。城楼以下如今重新砌了砖,但城门本身显然遭到了进一步的破坏,特别是它的上部。

听说有关方面正在修缮山海关长城,服远门也在重修,我们于2006年6月再次来到山海关。当时,我们看到这个巨大的工程正在进行,城门搭起了脚手架,周围拉起了安全网,为了减少飞尘,正在施工的建筑物整个儿被绿色的苫布覆盖。

在河北省古建筑修建集团公司的监督下,重修山海关服远门按照"修旧如旧"的原则进行。据现场负责人介绍,重修所用的泥灰完全按照传统工艺生产,砖砌上去后,也要用传统的方法灌缝——用于重修城楼上层和通道的泥灰全用粘米汤搅和,为的是更有效地防止雨水渗进砖缝。城楼的木质结构已经完工,晾晒12个月后才上油漆。我们看到除了一台运送建筑材料的电梯,重修服远门全部使用传统方法,工人使用的也都是传统工具。

2006年11月,我们第三次也是最后一次重摄山海关——随着重修工程的结束,服远门恢复了372年前的风貌。

Shanhaikwan – Hiver 1930 –

濒临渤海的长城

这是一张像明信片那样大小的银胶版印制画，背面的说明告诉我们，这照片是1930年冬季拍摄的，当时海水已经冰封。画面是在东北方向紧挨老龙头的一段大约100米长的长城。如果这照片的中右部没有清晰的显示老龙头径直的城台——长城从这里直接登岸——那就很难见到左手面向大海的那段长城。在这照片中，这段长城已经被海风吹来的沙掩埋，成了一个长满草的土墩。

重访此地，看到人们已经把老龙头的城台基础从沙丘里挖掘出来，墙的上部也已经重修。即使在200米远的地方，我们也能把青砖新修的胸墙与饱受海水冲刷而且埋在沙里的城台区分开来。

濒临渤海的长城 威廉·林赛摄于2006年

左页图：濒临渤海的长城 20世纪30年代拍摄的银骨胶照片，13.8×8.8厘米，拍摄者不详

老龙头

长城在老龙头伸入大海中，由此决定了老龙头在整个长城体系中的重要地位。然而，老龙头的老照片却十分稀少。1900年，老龙头被英国海军炮火摧毁，在此之后，只有极少数摄影师对它的废墟感兴趣。这里有一张可能是20世纪制作的明信片，画面右手是面向大海的老龙头城台，左手远处是渤海里的老龙头废墟。

早在1987年，我就拍摄了重建后的老龙头，发现城台基础里的泥沙已被清理干净，顶层重新砌了砖，胸墙也已修复。从远处，即使从距离400米的地方，也能清楚地看到修复后的老龙头在大海中重新站立起来。老龙头的前景是夏季游人如织的海滩。海面上有不少退潮时半被淹没的礁石，凭借这些礁石，2006年我终于找到了明信片上那幅老照片的拍摄地点。

这是一个仲夏的一个清晨，我在5点钟之前就来到海滩，打算在潮气升起之前抓拍老龙头。我知道，一旦潮气升起，远处的景物就会变得模糊，就是用最灵敏的镜头也难以拍摄。我想，来得这么早，海滩上怕是只有我一个罢，没料到好几十个人早已聚集在那里，有的是来看日出，有的想看老龙头在大海中现身。

我首次看见老龙头，是在1986年8月，恰好是20年前。那时，老龙头的花岗岩基石被沙掩埋了一半，上潮时候则完全淹没在海水里，于是我只拍摄了一幅照片便草草了事。在我看来，眼前的景物主要不是老龙头的废墟。随着时光的流逝，即使顽石也能粉碎，真正让我感慨的是战争造成的破坏。眼前的一切触目惊心，更让我感到痛心的是我深知我的同胞应当对老龙头遭到的破坏负责。1900年，英国军舰炮击老龙头，炸掉了它的头部。明信片的说明是"山海关海岸景象"，老龙头不仅被毁坏，连名字也被剥夺了。

这就是我重摄老龙头得出的结论——目睹此景时得出的结论。我感到自己应当完成这样一个使命，那就是把众多的摄影师组织起来，把我搜集到的关于老龙头的故事集中起来，促使更多的人像我那样及时投身于保护长城的事业。这样做，那些许多年前拍摄的长城老照片最终能从全球各个角落返回中国，这将是一次最重要的行程，中国人民越来越热切地期望中国这条巨龙腾飞。

山海关

老龙头 20世纪30年代拍摄的银骨胶照片，14×9厘米，拍摄者不详

老龙头 威廉•林赛摄于2006年

……长城重访

仍将继续……

结束语：长城重访，仍将继续

15年前，多谢玛约里·黑塞尔·笛尔曼女士（Marjorie Hessel-Tiltman）的慷慨，让我结识了长城探险先驱者威廉·埃德加·盖尔。15年后的今天，《万里长城，百年回望——从玉门关到老龙头》一书的中文和英文版终于与读者见面了。2007年春季，将是威廉·盖尔完成具有里程碑意义的长城考察100周年纪念。在这个时候，我们正在北京首都博物馆举办全国性的"万里长城，百年回望"展览。

从2004年起，我每年都在春秋两季用好几个星期的时间在长城全线系统地重摄长城。如果没有威廉·盖尔拍摄的长城老照片，如果不是我与威廉·盖尔都与长城结下了不解之缘，那么我就不会在长城最需要保护的时候重摄长城。1987年，我曾独自一人步行考察了明长城全线，最近几年，在长城保护的重要性日益突出的时候，我沿着长城探险先驱者的足迹再访长城。对于这一切，我都感到无尚光荣。

为了向读者呈献这份关于长城今昔状况的报告，我同时扮演了好几个角色，摄影师、记者兼学者。俗话说得好，摄影不会撒谎。重摄技术说来简单，却能使公众通过对比在同一地点拍摄的新老两幅照片自己得出结论。

写作也并非轻而易举。作为本书作者，我在浩如烟海的历史文献中寻找资料，同时收集现代关于长城的故事，还得把见证人的精彩言论记录下来，抓住他们经历中的精彩片断。我力求做到完全客观。对比成组的新老照片，人们会发现有些地方的长城保护工作有所失，另外一些地方的长城保护工作则有所得，而且得失都不限于一个方面。对于这一切，我都尽量不发表个人意见，尽量避免主观。我只是如实描述我的所见，如实报告我的所闻。在许多情况下，对事物的评价往往取决于个人的口味，或者说取决于个人对文化遗产保护工作的看法，因此主观片面也就再所难免。

然而，我毕竟是怀着感情写这本书的，因为我描述的对象是长城，而我个人、国际长城之友协会以及我们的支持者无不热切地关注着长城。如果本书有任何错误、误释，如果本书对某些人士的观点或建议复述得不够充分，我都要负全部责任。我还要强调，本书并不一定代表我们的支持者的观点。为了长城保护工作做出国际性的贡献，我们大家一直在团结奋斗。保护好万里长城，是我们和我们的支持者的共同心愿。但是，在如何保护长城这个问题上，大家可能有不同的看法。正像罗哲文教授在本书前言中说的那样，长城重摄所获得的材料将激发长城学者、专家和有关官员就长城保护工作展开进一步的讨论。

为了在150个地点重摄长城，我从玉门关到老龙头，行程估计超

过35000公里。许多地方我反复去过,为的是确保新照片在取景、光线、背景、拍摄季节等方面尽可能与老照片一致。尽管如此,在为本书写结束语的时候,我仍不能说作为研究项目的长城重摄工作已经结束。如果我断言本项目已经结束,那就意味着我放弃了重摄技术的真谛,即眼下的"不变"只是暂时,而"变"则是永恒。

今后还可能有新发现的老照片出现在博物馆里或拍卖场中,而且由于数字技术的发展,欣赏博物馆藏品也将越来越容易。但是最重要的是在永恒的变化中,许多拍摄时间相对不长的照片终究会变成老照片,无论这变化的原因是好还是坏。

长城重摄是一个持续不断进行的项目,因此可以认为本书只是该项目的启动报告。可以肯定,这个项目将不断扩展,其内容将更加详尽。无论今后的时间有多长,只要有机会,我就要继续做下去。我期待将来会有第三个"威廉"出现,把威廉·盖尔和威廉·林赛做过的事情继续做下去。威廉·盖尔拍摄长城,记下了各处的地名,并写了说明。重摄长城的我找到了每处长城的GPS坐标,从而让第三个"威廉"不费力气就能找到要去的地方。

对于您,本书的读者,如果您打算在未来某个时候重摄本书列举的长城,那么请和我们联系。有的读者可能拥有或可能找到有价值的老照片,如果是这样的话,我恳请您将这些老照片提交给国际长城之友协会,这样我们就可以对老照片上的长城进行重摄。当然,您也可以自己重摄,不过您拍的照片请寄送给我们。这两种方法,都能扩大我们这个向公众开放的长城照片资料库。这不仅是为了显示长城已经发生的变化,更是为了显示长城某时某刻正在发生哪些变化。

关于如何重摄长城,您可以从长城重摄网站上获得咨询,请记住下面的网址。如果您愿意为长城保护贡献任何资料,请用下面的E-Mail地址。

http://www.2walls.org
E-Mail: new@2walls.org

鸣谢与项目的来龙去脉

国际长城之友协会从事的长城重摄即"万里长城,百年回望"项目,涉及图片资料研究,在老照片拍摄的地点重新拍摄,纪录片制作以及相关文字材料的撰写和翻译。这本书的出版以及一次全国性的项目成果展览得以在北京举行,要归功于壳牌中国集团、北京市文物局和首都博物馆的共同努力。在这里,我要向这个项目的所有参与者表示感谢,还要对这个项目的来龙去脉作一介绍,包括其缘起、构思、进展以及取得的成果。

首先我要感谢玛约里·黑塞尔·笛尔曼女士。1991年,我在BBC广播电台的谈话节目中介绍了自己独自一人步行考察长城全线的经历,还出版了《独步长城》一书。在收听了这个谈话节目并阅读了《独步长城》之后,玛约里·黑塞尔·笛尔曼女士把她拥有的《中国长城》一书慷慨地寄赠给我。这本书出版于1909年,作者是威廉·埃德加·盖尔。在这本书中,我发现有一张照片似曾相识。原来,在盖尔当年拍摄那张照片的地方,我也拍了一张照片。对比这新老两张颇具代表性的照片,我发现在这80年中长城发生了巨大的变化。正是这件事,最终促使我下定决心重走盖尔以及其他早期长城探险者走过的路,在

他们拍摄过的地方重摄长城,从而形象地展示长城的过去与现在。对于长城考察的先驱者,我始终怀着崇高的敬意。的确,如果没有他们以极大的勇气做出的努力,那就不会有今天重摄长城的历史基础。威廉·埃德加·盖尔是长城探险第一人,他是在1907年至1908年考察长城的,因此,我们这本书也是对他长城考察百年的纪念。

从策划到实施重摄长城项目,可以追溯到1991年,前后经过了十几年。2002年,国际长城之友协会与北京市文物局签订了关于长城保护的理解备忘录。之后不久,我向时任北京市文物局局长梅宁华先生和副局长孔繁峙先生介绍了自己开展长城今昔对比研究的构想,说明这种研究可能产生的积极的影响。对于我的构想,北京市政府有关部门立即产生了兴趣。于是,我开始为重摄长城项目寻找赞助者。

2003年上半年,大好的机遇终于来到了。那时,以中国石油公司为主导,正在对西气东输工程的环境影响进行研究评估,壳牌中国集团参与其中,而我则在协助壳牌中国集团开展相关工作。西气东输管线从西部塔里木盆地蜿蜒东向直到上海,其间有12处与现今仅存的长城交叉。对于国际长城之友协会开展唤起公众保护长城的工作,壳牌中国集团表示有兴趣给以支持。我就重摄长城的问题向壳牌中国集团社会与环境事务顾问迈可·西默提出了建议,说明通过摄影直观地显示长城今昔面貌,有助于人们汲取历史教训,无论对今天和未来的长城保护工作,这都会产生积极影响。迈可很欣赏我的构想,他为我们争取了一笔赞助费,使得我们顺利地启动了重摄长城的工作。

2005年2月,我们举办了一次小型的内部展览,展出了2004年实施重摄长城项目取得的成果。举办这次展览会,是为了征求北京市文物局和国家文物局的意见。另外,通过寻找重摄地点,我们结识了越来越多的专家和官员,我们也想通过这次展览进一步向他们请教。经英国驻华大使克里斯托弗·亨姆爵士和夫人朱丽亚的特准,展览在大使官邸举行。展览获得了巨大的成功,与会嘉宾交口称赞,并敦促我们再接再厉,争取更大的成果。为此,壳牌中国集团承诺继续提供赞助。在这里,我们要感谢壳牌中国集团原公共事务部董事吴凌康先生和该部门的社会投资经理毕蕾女士,在壳牌中国集团内部,他们始终坚定不移地支持我们的事业。

　　在2005年剩下的10个月中，我重新拍摄了北京之外的许多地方的长城。这里要感谢国家文物局政法司的何成中先生，在他的帮助下，我们的拍摄工作得以顺利进行。为了使拍摄光线更理想，拍摄季节更合适或者使拍摄地点更精确，我还多次返回已经重摄的地方再次拍摄。在明长城西端的嘉峪关，我结识了两位朋友——嘉峪关文联主席王金先生和嘉峪关博物馆馆长李晓峰先生，在这里，我要郑重地向他们表示感谢。两年中，我曾六次访问嘉峪关，六次都是王金和李晓峰迎送。王金是个"长城迷"，他有个绰号，叫做"西北王"，每次我在嘉峪关考察长城，他都要忙里忙外帮我解决实际困难。同样，在明长城东部终端，长城研究专家、山海关长城博物馆名誉馆长、本协会顾问王雪农不仅亲自帮我寻找重摄地点，还为我提供了能干的助手。总之，从他那里，我得到了无比珍贵的友谊和支持。

　　陕西是我重摄长城的核心地带。谈到陕西，要特别感谢陕北榆林的高秋燕女士，通过她，我结识了当地一些专家。正是这几位专家，帮我在鄂尔多斯沙漠中找到了极其难以确定的拍摄地点。其中帮助我最大的是榆林原文委主任康兰英女士和在安边文化站工作的李生程先生。特别值得一提的是早在20世纪90年代初，李生程就步行考察了陕北长城全线，对于陕北长城，他可谓了如指掌。在榆林，如果没有这些朋友热心相助，那么在长城的"心脏"地带重摄长城就会落空。

　　我们的现场工作一直持续到2005年12月，在这滴水成冰的隆冬时节，作为中国长城学会理事的严欣强先生陪我来到河北省涞源县，考察了中国革命战地摄影记者沙飞1937年拍摄过的长城。严欣强早在1997年就找到了这些老照片的拍摄地点。我和严欣强随身带着沙飞的女儿王雁提供的长城老照片，在涞源工作了好几天。我要向严欣强致以感谢和敬意。他不畏严寒，和我一道在高山上露营，冻得连Windstopper手套都不敢脱，吃饭时连筷子都拿不牢。写到这里，我不能不感谢韩国布来亚克公司的南仁浩先生，是他为我提供了长城探险不可或缺的野外露营设备。我还要感谢Gore-tex公司为我提供防寒服，尤其是帐篷，没有这一切，很难想象我能在如此恶劣的气候条件下在野外生存。

　　我曾多次长途跋涉进行野外考察，其中距离最远的地方是玉门

关。到那里去，是为了考察2000多年前在戈壁沙漠中修建的汉长城遗址。我随身携带着奥雷尔·斯坦因当年拍摄的长城照片，几处当年斯坦因拍摄的确切地点没费多少力气就找到了。然而，广袤的沙漠中几乎没有参照物，因此更多的地点我一度认为根本无法找到。多亏来自甘肃省考古研究所的岳邦湖先生热心帮我解决这个难题。他不仅考察过这里的汉长城，而且绘制了地图，在他的大力帮助下，此行获得的考察成果远远超过了我的预期。我还应该感谢阳关博物馆馆长戴文胜，是他把这次不易之行安排得顺顺当当，同时还做我的实地向导，为我安排了难以忘怀的50岁生日午餐。

北京地区也有许多地点需要重摄。王光达先生是国际长城之友协会的一位长期支持者，他为我在北京地区的长城考察提供了各种摄像设备，还经常用自己的吉普车为我提供方便。他的热情，对于我无疑是一个鼓舞。在大多数野外考察中，陪伴我的是国际长城之友协会专业摄影师王宝山，还有一位名叫王海涛的小伙子——他身兼二职，既是摄影助理，又是录音师。在持续长达3年的野外考察中，我们在长城的怀抱中度过了无数快乐的时光。我们制作的纪录片获得了成功，这要归功于宝山不倦的努力，以及他的专业精神和精湛的专业技术。

重摄长城项目不断进展，我们送走了2005年，迎来了2006年。过去的一年中，我们的野外考察工作取得了丰硕的成果，足够写一本书，制作一部影片并在2007年初举办一次展览会。2006年元旦到来之前，吴凌康带来了喜讯：壳牌中国集团将继续支持我们的工作，承诺为我们整理野外考察获得的大量资料、举办展览会提供赞助。万事俱备，剩下的事情是找到出书资金和一家出版社，以及确定展览会的举办地点。

五洲传播出版社编辑荆孝敏女士非常喜欢我们的资料，充分认识这本书的重要性。出版社领导认为我们这本书发放到中国驻世界各国使领馆肯定会受欢迎。我们立即向北京市文物局报告这个好消息。这里要说明，我们的老朋友、市文物局原副局长孔繁峙这时已晋升为局长。于平副局长以及外联处副处长范军、工作人员李一雪积极奔走，市文物局终于答应为这本书的出版提供资助。北京市文物局原局长梅宁华极力支持，让我们的展览在新建成的首都博物馆举行。按照孔繁峙局长的指示，文物局工作人员与首都博物馆馆长联系，多谢他们的努力，展址终于得到落实。

　　对于能从如此高级别的北京市政府机构那里得到强有力的支持和无微不至的帮助，国际长城之友协会感到万分荣幸。我想，协会的全体同事以及顾问委员会全体成员也有同感。在这里，我要衷心感谢著名长城研究专家、国际长城之友协会顾问委员会主席罗哲文先生。当然，我也要衷心感谢委员会其他成员，包括长城野外研究专家成大林先生、王雪农先生以及吴梦麟女士。我们取得的成功，离不开各位顾问的真知灼见，也离不开他们为协会的事业的积极奔走。

　　有一些个人我也要致以谢意。由于这本书是以中文和英文两种文字出版，对于文字的可读性，历史史实的准确性等提出了挑战。高级英语编辑李竹润把英文翻译成生动而流畅的中文。成大林则是名副其实的历史顾问，纠正了原文和译文中的错误并提出了很好的建议。曾璜在与图片相关的内容给予了帮助。张丹不仅是该画册的编辑，《万里长城，百年回望》的书名也出自于他。以上四位都是我在新华社工作时的同事和朋友。对于英文版的编辑，我应该感谢在北京工作的作家 Paul Mooney。

　　在其他方面，我还要感谢在不同场合为我们提供同声传译服务的祁飞。设计师殷峻，他用自己的设计思想、艺术鉴赏力和耐心的工作为协会的成功做出了应有的贡献。

　　还有一些朋友也应该在这里表示感谢：他们是杨肖、郭美清、龙小军、朴铁军、林谷、吕朝华、黄东辉、山雪峰、孙国勇、张玉凤、王虎、arbara Woodward 女士、Dennis George Crow 先生、Magnus Bartlett 先生、Tjalling Halbertsma 先生和 Clifford Nelson 先生

　　对于本项目对长城保护工作的重要意义，许多机构表现出充分的理解。有的机构免除了我们本应缴纳的复印费或版权费，还有一些机构的工作人员耐心回答我提出的各种问题。在这方面，我要感谢美国（纽约）自然历史博物馆、美国（纽约）地理学会、英国威尔科姆基金会、大英博物馆图书馆以及牛津大学图书馆。我还要感谢王宁，感谢他允许我随时查阅他收藏的大量古籍。当然，我也得感谢王金和李少白，是他们分别为我们提供了鸟瞰嘉峪关和陕北沙漠长城的精彩照片。

　　这个项目基本上是通过新老照片对比说明问题，同时让见证人提供证言，从而使公众真正了解长城发生了怎样的变化。在历史研究中，口述历史经常遭到忽视。然而，在文物保护工作中，我们经常发现口述历史不仅包含有价值的历史信息，而且包含真知灼见。因此，我们引用了不少见证人讲述的故事。

　●最后，我要衷心感谢我的妻子吴琪，没有她热情辛勤的劳动，那么本项目的工作成果至多不过是一堆杂乱无章的照片。作为项目主管，她做了大量工作，包括与赞助者、专家、政府官员联络，为我们的野外考察做准备，此外还要整理大量的新老资料，筹备本书的出版以及展览会的举办。总而言之，所有极其琐碎事情都被她做得井井有条。

　　我想，在将来的某一天，定会有一位或数位摄影师将靠全球定位系统（GPS）提供的坐标来到我为实施重摄长城项目造访过的地方，把长城发生的新变化记录下来。在这里，我要向他们预致谢意。我热切希望，未来的长城如果发生变化的话，将会变得越来越好。

参考书目

《罗哲文与山海关》，作家出版社，2005年

《山丹长城》（河西走廊深度旅游丛书），陈淮著，西部大地文化传播

《古北口揽胜》，白天著，北京燕山出版社，1993年

《榆林长城研究》，吕静主编，三秦出版社，2004年

《天下雄关》，摄影王金　撰文　胡杨，甘肃人民美术出版社

《嘉峪关及明长城》，高凤山、张军武　编著，文物出版社，1989年

《敦煌汉代玉门关》，敦煌市博物馆编，甘肃人民美术出版社，2001年

《沙飞摄影全集》，王雁编辑，北京长城出版社，2005年

《我的父亲沙飞》，王雁著，社会科学文献出版社，2005年

《中国历史地图集》1-2卷，中国地图出版社，1990年

《长城百科全书》，中国长城学会，吉林人民出版社，1994年

关于长城史（英文版）：

Barfield Thomas, . J., *The Perilous Frontier: Nomadic Empires and China,* Cambridge, Mass.: Blackwell, 1989.

Cheng, Dalin, *The Great Wall of China,* Beijing: South China Morning Post Ltd. and New China News Ltd., 1984.

Franke, Herbert, and Twitchett, Denis (eds), *The Cambridge History of China, Vol. 6 Alien Regimes and Border States,* Cambridge: Cambridge University Press, 1994.

Hartog, Leo de, *Genghis Khan, Conqueror of the World,* London: Tauris, 1999.

Lattimore, Owen, *Inner Asian Frontiers of China,* New York: American Geographical Society, 1940.

Lindesay, William, *Images of Asia: The Great Wall,* Hong Kong: Oxford University Press, 2003.

Luo Zhewen, et al, *The Great Wall,* London: Michael Joseph, 1981.

Mote, Frederick, W., and Twitchett, Denis (eds), *The Cambridge History of China, Vol. 7, The Ming Dynasty, 1368-1644, Part I,* Cambridge: Cambridge University Press, 1988.

Mungelo, D. E., *The Great Encounter of China and the West,* 1500-1800: Lanham, Rowna

Tsai, Henry, *Perpetual Happiness, The Ming Emperor Yongle,* Seattle: University of Washington Press, 2001.

Twitchett, Denis, and Fairbank, John. K. (eds), *The Cambridge History of China, Vol. 1, The Ch'in and Han Empires,* Cambridge: Cambridge University Press, 1986.

Waldron, Arthur, *The Great Wall of China, From History to Myth,* Cambridge: Cambridge University Press, 1990.

Wilkinson, Endymion Porter, *Chinese History, A Manual,* Cambridge Mass.: Harvard University Asia Center, 2000.

关于老照片与见证人证词的出处:

Bredon, Juliet, *Peking,* Shanghai: Kelly & Walsh, 1919

Cable, Mildred, & French, Francesca, *The Gobi Desert,* London: Hodder & Stoughton, 1942.

Clapp, Frederick, G., *'Along and Across The Great Wall of China',* The Geographical Review, Vol. IX, No. 4 (April-May-June 1920): 221-249.

Clark, R. S., & Sowerby, A. de C., *Through Shen-Kan,* London: Fischer Unwin, 1912.

Geil, William Edgar, *The Great Wall of China,* London: John Murray, 1909.

Götting, Doris, *Bilder aus der Ferne, Historiche Fotographien von Hermann Consten,* Bonn: 2005.

Hayes, L, Newton, *The Great Wall of China,* Shanghai: Kelly & Walsh, 1929.

Hayes, L. Newton, *Valiant But Gentle, Selected Writings of L. Newton Hayes,* Sante Fe: Vergara, 1979.

Lindesay, William, *Alone on the Great Wall,* London: Hodder & Stoughton, 1989.

Macartney, Lady Catherine, *An English Lady in Chinese Turkestan,* London: Ernest Benn, 1931.

Nieuhoff, Johan, *History of China,* London: John Macock, 1669.

Ricci, Matteo, *China in the 16th Century, The Journals of Matteo Ricci,* Random House: New York, 1942.

Rohan, Charles E., *East Meets West. The Jesuits in China, 1582-1773,* Chicago: Loyola University Press, 1988.

Sowerby, R. R., *Sowerby of China,* Kendal: Titus Wilson & Son, 1956.

Staunton, George, *An Authentic Account of An Embassy from the King of Great Britain to the Emperor of China,* London: Nicol, 1797.

Stein, M. Aurel, *Ruins of Desert Cathay, Vols. I & II,* London: Macmillan, 1912.

Stein, M. Aurel, *Serindia,* Oxford: Clarendon Press, 1921.

Thomson, John, *Illustrations of China and its People,* London: Sampson Low et al, 1873.

Warwick, Adam, *'A Thousand Miles along the Great Wall of China',* The National Geographic Magazine, Vol. XLIII, 2 (February 1923): 113-143.

Whitfield, Susan, *Aurel Stein on the Silk Road,* London: British Museum Press, 2004.

Wilson, Philip Whitwell, *An Explorer of Changing Horizons,* New York: George H. Doran Company, 1927.

Yamamoto, S, *Views and Custom of North China,* S. Kojima: Tokyo Printing Co., 1909.

关于地图的绘制

Nebenzahl, Kenneth, *Mapping the Silk Road and Beyond,* London: Phaidon, 2004.

Smith, Richard J., *Images of Asia: Chinese Maps,* Hong Kong: Oxford Univ. Press, 1996.

Van den Broecke, Marcel P. R, *Ortelius Atlas Maps, An Illustrated Guide,* Netherlands: Hes Publishers, 1996.

Yan, Ping, et al, *China, In Ancient and Modern Maps,* London: Sothebys Publications by Phillip Wilson Publishers, 1998.

关于重摄长城

Klett, Mark, et al, *After the Ruins 1906-2006: Rephotographing the San Francisco Earthquake and Fire,* Los Angeles: University of California Press. 2006.

Levere, Douglas, *New York Changing,* New York: Princeton Univ. Press, 2005.

Various authors, *Grand Canyon, A Century of Change,* Pheonix: University of Arizona Press, 2005.

关于文物保护

Tung, Anthony M., *Preserving the World's Great Cities,* New York: Clarkson & Potter, 2001.

Woodward, Christopher, *In Ruins,* London: Chatto & Windus, 2001.

中国历史年表

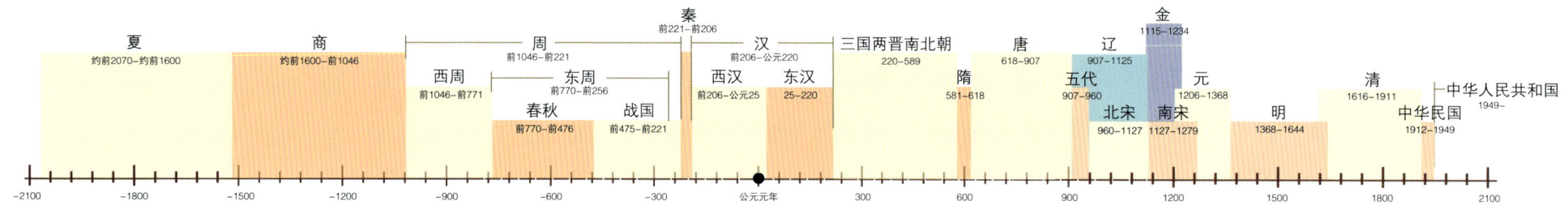

（清建国于公元1616年，初称后金，1636年始改国号为清，1644年入关）

图片来源和版权说明

本书中1950年以后的所有照片（其中多数为彩色）的所有权均在图片说明里注明。

本书采用的文物图片，包括老照片，无论发表过还是未曾发表的原作，均在下面注明其版权拥有者或原件所有者；用于本书的图片，均获得其版权拥有者或原件所有者的准许。本书付印时仍无法确认版权拥有者的图片均用*符号标明。

以下是图片版权和所有权的详细目录（按页码前后和采用数量的多少顺序标明）：

以下页码的图片，所有权或版权均属于威廉·林赛和国际长城之友协会：
第8、12、19、20、21、22、23、24、27、28、29、30、31、33、46、49、51、59、63、70、72、73、76、78、79、85、86、88、90、92、93、100、101、102、103、107、109、110、113、114、135、138、149、150、153、154、156、157、163、166、167、168（左右上方）、177、178、184、186、190、192、195、196、199、201、202、203、205、210、211、217、220、224、228、230、235、236、237、238、239、240、242（左）、244（左）、245（左）、246、248、254、257（左）。

第53、55、56、60、82、85、174、212、214、215页图片版权：The British Library Board;

第120、121、123（左）、124、127（左）、128、130、133（左）页图片由王雁女士提供；

第71、75、136页图片版权：The Estate of Luther Newton Hayes*;

第158、170、180页图片版权：Adam Warwick / The National Geographic Society;

第164、187、188页图片版权：The Royal Geographical Society, London;

第222、223、227（左）页图片版权：The Consten Estate*;

第48、58-59页图片版权：The Bodleian Library, Oxford;

第172、173页图片版权：The American Museum of Natural History;

第104页图片版权：The American Geographical Society of New York;

第147页图片版权：The Trustees of the Victoria & Albert Museum, London;

第151页图片版权：The Wellcome Library, London;

第165页（左）图片版权：Photolife Corporation.

凡有意使用本书所载图片的个人、团体或出版社等，均应就本书所载图片的所有权、版权问题咨询本书作者或本书出版商。

图书在版编目（CIP）数据

万里长城 百年回望：从玉门关到老龙头 /（英）威廉·林赛（William Lindesay）著；李竹润译.
—北京：五洲传播出版社，2006.12（2008.6重印）
ISBN 978-7-5085-1031-6

Ⅰ.万... Ⅱ.①威...②李... Ⅲ.长城－简介 Ⅳ.K928.77

中国版本图书馆CIP数据核字（2008）第063333号

顾　　问：罗哲文　成大林
译　　者：李竹润
编　　辑：张　丹　吴　琪　范　军　李一雪
编辑协调：吴　琪

责任编辑：荆孝敏
设计总监：闫志杰
设计制作：闫志杰　刘　娜

万里长城　百年回望
——从玉门关到老龙头

出版发行：五洲传播出版社
地　址：中国北京市海淀区北小马厂6号华天大厦24层
邮编：100038
电话：010-58891281
传真：010-58891281
印刷：北京画中画印刷有限公司
开本：16开
印张：17
印数：2501-4000
版次：2007年1月第1版　2008年6月第2次印刷
书号：ISBN 978-7-5085-1031-6
定价：210.00元